ハジマリのカタカムナ

生命発生の物理

[著]
川ヰ亜哉子

ハジマリのカタカムナ

この世の中、つまり現象の出来事は、
目に見えない小さな粒子（マリ）から始まります。
私たちは、そのことをハジマリといっていますが、
この世界のすべての始まりは、
ほんの小さな粒子が動き始める（ハシ）ことです。

カタカムナとは、
この小さなマリの誕生が、どのようにして生まれるのか、
その発生の仕組み、物理を謳っています。

見える世界（カタ）と、見えない世界（カム）が

結び合った（ナ）とき、生まれるマリ、
そのハジマリカタが、八十のウタヒとして謳われています。

二つの世界が結び合うことで発生する現象のことを
カタカムナでは、サトリといいます。
二つの世界の差を取るサトリ、つまり現象化のことを、
カタカムナのウタは示しているのです。

そこには、私たちのイノチがどこから生まれ、
そして、どこに還るのか、という大きなテーマに加え、
私たちのイノチを、今もなお生かし続けている
さまざまなシクミについて伝えてくれています。

古代、この日本という大地に住んでいた人々は、
イノチを生かし続けてくれた存在のことをカムナといっていました。

カムナと向かい合い、
カムナに祈り、
カムナに支えられ、
カムナと共に生きていた人々が、私たちの祖先です。

私たち現代人は、このカムナを忘れてしまっただけで、
今も変わらず、あらゆる中にカムナは存在し続け、
発生を生み続けています。

目の前の現象も、
今までの過去も、
これからの未来も、
すべて、カタカムナの仕組みで成されています。

トコロとトキは同じモノ。

そうした仕組みを知ることも、
カタカムナを知るということです。

この世はすべてヒトツカタでできていて
多くの別々のモノが一つとして調和的に存在していることを、
カタカムナではイキツチノワといっています。
言葉を変えれば動的平衡。

この世界にはとどまっているものは何ひとつありません。

目次

カバーデザイン　森瑞（4Tune Box）
編集構成　リエゾン
校正　麦秋アートセンター
本文仮名書体　文麗仮名（キャップス）

ハジマリ

この世界はヒトツカタでできている

カタカムナ　ヒヒキ　マノスベシ　アシアトウアン　ウツシマツル
カタカムナ　ウタヒ

これは、カタカムナウタヒの第一首です。「カタカムナヒヒキ」というこの言葉から、カタカムナはハジマリます。

カタカムナウタヒといわれる八十のウタは、図象という神代文字で書かれていますが、その中には不思議なヒビキが数多く残されています。そしてそこにはたくさんの「サトリ」という法則が込められているのです。

神代文字で書かれているのは、大切な民族や部族のサトリを守るためだったのでしょうか。それを見た誰もがその文字を読めたわけではありませんが、それぞれの部族で大切に守り続けてきた生き方や、育て方、発生の仕方があり、それをサトリとしてきた人々が、この日本という大地にかつて住んでいました。

部族の中に、その文字を読むためのルールや、その文字の構造を知っているオサのような人がいて、ある部族は、その人のことを「アシアトウアン」と言っていました。この部族が残したのはウタでした。この長いウタの始まりには、アシアトウアンが、受け継ぎ、映し、祀り上げてきたものを「カタカムナウタヒ」として、次の世代のために残します、と宣言しています。

これからお話しする「カタカムナウタヒ」とは、日本人が民族として寄り添う大切なサトリです。サトリというとちょっと捉えにくいですが、カタカムナの世界の「サトリ」とは、「現象」や「現象を起こす仕組み」という意味です。

ウタヒの成り立ちを細かに見ていくとサトリである仕組みが重なり合って示されています。そこには、現象を発生させるという深い思いが込められていることがわかります。

最初のウタの大まかな内容は、

「カタカムナの響きは、すべてのものを成り立たせていきます。その成り立ちをこれからアシアトウアンが、カタカムナウタヒにして、みなさんに映し奉っていきますね」

というハジマリのヒビキです。

カタカムナには不思議な働きがあります。私という自分が、カタカムナウタヒと関わる時空間が増えれば増えるほど、秘められた多くのサトリがウタの中から浮かび上がってくるのです。

自分のもつ周波数と自分の本質が同調すればするだけ、秘められた新しいサトリが見えてくるようになるのです。カタカムナウタヒは自分の心の拡大によって、見せてくれる顔が多様化してくるのです。まるで生きもののように感じることがよくあります。

おそらく、カタカムナウタヒは、何万年経った未来にも、その世界に応じた顔を示すことができ、その時代にとって必要なことを伝え続けていくのだと思います。

「すべてのことに意味がある」といわれますが、すべてのものには、そうである理由や根拠が存在していると伝えているのが、カタカムナウタヒです。

動植物はじめ大地や大気、この宇宙に存在するすべてのモノの存在理由が、全体的にバランスが取れていれば穏やかな世界が広がりますが、その根拠から隔絶された世界となりバランスを崩せば、元に戻すために大きな揺れを伴う世界へと至ってしまいます。

現在はまさにこの根拠がわからなくなっている時代です。この根拠が見えない時代に、カタカムナという根拠を示すものが浮上してきました。実はこれさえも、「サトリ」です。現象化をきたしたのですから。

このような根拠があって、「サトリ」が生まれます。理由があって現象が生まれていることを、カタカムナの世界では、「ヒ」といい、また「ヒトツカタ」といっています。

この世の中は、この「ヒトツカタ」ですべてが生まれ、またすべてを還しています。言葉を変えれば、「ヒトツカタ」を知ることは、その根拠を知ることであり、この世界を生んでいる根源を知ることにほかなりません。

古代には、世界を成り立たせている「ヒトツカタ」をサトリとし、大自然・大宇宙と共存していた人々が、この地球上にはたくさん住んでいました。

ここではできるだけ多くの方向から、このヒトツカタをお伝えしたいと思います。

カタカムナを世の中に出された方は、そのヒトツカタを、「互換重合」、「正反対向発生」といいました。難しい言葉ですね。カタカムナの言葉でいえば、ヤタノカガミカタカムナカミであり、フトタマノミ　ミコト　フトマニです。

今はこの言葉も難しく感じられるでしょうが、この本の最後までたどり着いたときに、みなさんの心に、「ヤタノカカミ、カタカムナカミが、フトタマノミを生んでいる」というヒトツカタが、おわかりいただけるようにお話を進めていきたいと思います。

ウタヒのいちばん最初に出てくる「カタカムナ」という言葉には、いったいどんな意味があるのでしょう。それはどんなモノで、何を伝えようとしているのでしょうか。「カタカムナ」は「カタカナ」と、とてもよく似た言葉ですが、それらにはどんな関係があるのか、初めてカタカムナに出会ったときに湧き出た疑問でした。

十数年前、「日本語の言葉の理由がわかる講座がある」と教えてもらいました。普通に生きていましたが、それでいて、いつも見えないモノにこだわりながら、その根拠を求めていた私に、「きっと、合うと思う」と知り合いの方に勉強会に誘っていただいたのです。

何故、空をソラというのか、何故、海はウミなのか、海がソラで、空はウミだったとしてもおかしくはない。誰が、空をソラとし、海をウミとしたのだろう。同じように、人は何故生まれてくるのだろう。死ぬことがわかっているのに何故わざわざ生まれてくるのだろう。また、死んだらどこにいくのだろう。

死ぬということは、そんなことを考えている自分さえなくなってしまうのだろうか。など、答えの出ない問いを果てしなく考える「子供」が、そのまま大人になっていました。

「空」を何故「ソラ」というのかがわかれば、きっと、人は死んだらどこにいくのかがわかるような気がしていました。そんな私に、言葉の「ワケ」がわかるという勉強会にお誘いの声がかかったのです。

参加してみると、内容はかなり難解なものでした。というのも、ほとんど物理の授業といってもいいような内容でした。さらに驚いたのは、日本語というのは、ヒトツヒトツの音が働きを示している文字であり、それが一つ一つの音の法則になっている。なので、名前はそれぞれのハタラキから生まれたカタチに応じて付けられたのだというのです。

例えば空という言葉は、古代人が空を見て空のカタチを感受し、その背景である「ハタラキ」を見て付けた名前だから、「空」は「ソラ」としかいえないのだというのです。なんとなくわかったような気になりましたが、結局わかったようで、さっぱりわかりませんでした。

が、一方、カタカムナという世界から見た人生論は、それまで聞いたことのないお話が続き、興味をそそられました。まるで「新しい世界の見え方」で、そのうち、日常の中に、真新しい視点をもてるようになりました。

どんな内容だったか一例を挙げてみると、この世を知ろうと思うのであれば、「不確定さを正確に知る」ことであるとか、「アンバランスの本質は、要らないと感じたものを切ってしまうことだ」とか、自分の深い知恵の部分では知っているはずのことなのに、表面意識ではまったく気づいていなかったというお話をされて、醒めない夢から醒めていく思いがしたものです。

例えば、「不確定さを正確に知る」とは、この世界は動き続けている。止まって留まっているモノなど何一つない。つまり、この世は不確定なものである。であるなら、この世を知るということは、不確定な動きを正確に知ることである。確定的に見てしまえば本質を知ることができない、ということになります。

つまり、私たちは、止まった状態のモノは受け取りやすく、平面になっているものは理解しやすいけれど、動き続けているモノはなかなか捉えられません。しかも動き続けているモノを、静止画として落とすことは不可能です。動いていない、止まっているように見えているモノでさえ、いちばん小さなモノに焦点を合わせると、すべては動き続けています。

「行く河の流れは絶えずして、しかも、元の水にあらず。淀みに浮かぶうたかたは、かつ消え、かつ結びて、久しくとどまりたるためしなし」

鴨長明の『方丈記』ですが、まさに、この言葉はそのことを言い表しています。全体性を知ることで、そのものを正確に知ることができます。留めたものを、一つ一つ並べてみて、その上で全体的に俯瞰《ふかん》することで、それらを貫いて結んでいる、今まで見えていなかった背景を感じることができるようになります。そのことを、「不確定さを正確に知る」と言っているのです。

また、「アンバランスの本質は、要らないと感じたものを切ってしまうことだ」とは、思考で要らないと思ったものを、私たちは簡単に切ってしまう。けれども、ヒトツカタから捉えると、本当に要らないものは、こちらから切らなくても自然に切れていく。なのに人は不必要な理由を探し出し、潜在的なチカラが必要としているものを切ってしまっている。実は、それがアンバランスをひき起こしているのだというのです。

これらのことは、「エゴをなくす」とか、「我」を手放せと言っているような気がします。このような視点の一つ一つは、コトバの法則《コトワリ》を知ることでわかるようになると、その講座ではいわれていました。

言葉の源を教えていただきながら、日々の生活の中に存在するさまざまなことにカタカムナが密接につながっていることを教えていただいたのです。

その勉強会は、教えられたことを自分の中に植え込んでいくような暗記タイプの勉強ではなく、教えられている内容で、自分が潜在的にもっている何かが引き出され、「思い出していく」というタイプの学びの時間でした。

当時、人生なんてこんなものだと悟ったような気になっていた私は、見事にカタカムナに夢中になりました。

カタカムナの意義を聞かれることがよくありますが、カタカムナには大きな意義が存在しています。そこには大きなハシラ、「ヒトツカタ」といわれるモノがあるからです。カタカムナはこの「ヒトツカタ」をあらゆる角度からウタヒあげ、伝え続けています。

このヒトツカタという根拠とともに生きてきた人たちは、ものごとというモノが、この根拠から発生していることがわかっていた人たちでした。未来を創造するには、今という場から次の場が発生することを知りながら、今を生きている人たちでした。太陽と共に生き、水と共にあった人々。だから、乱獲せず、すべてのものと協調しながら生きていたのです。天然宇宙や、自然界の中にあり、今のような分離された世界に存在しなかった人々だったのは、すべてを生み出す根拠を知っていたからです。大地からものごとを捉えていた彼らの目に、土地を切り割りして売買している私たちの姿はどう映るのだろう、とよく考えます。

「表面は切り割りできても、中心は一つだよ。どうするの？」

「大地が壊れにくいものでどんどん覆われていくことは、空の上にある大気も閉じてしまうことだよ」

と、言われているような気がします。

二十年前には見なかった小動物が、今や我が畑には、たくさん集まってくるようになりました。ふと気づくと、周りの水田や畑はすべてコンクリートで覆われ、駐車場やトラックステーションに変わってしまっていることに気づきます。

住むところがどんどん奪われてしまった動物たちは、その身を通して、今後、人間も同じように住むところがどんどん奪われてしまうことを伝えているのではないだろうか、とカタカムナを通して強く感じるようになりました。

この時代にカタカムナが日本に登場する意義は、こんなところにも存在していると強く思います。

言葉の本質を知ることによって、生きる力を得ることがカタカムナの存在理由です。カタカムナの世界の中には、自分のみならず、自分を取り巻いている環境や宇宙、そして見えない世界を、大きく包みこんだ世界が存在します。命はそこからやってきて、その世界へと還ることがカタカムナによって知らされます。

その命はどんなふうにして生かされていくのか、また、どのような場で自然界や、宇宙の中の「私」を発揮できるのか、宇宙に存在するさまざまなものが、自分の存在にどう関わっているのか、ということまでウタヒあげています。

例えば、ある特定のウタをウタうと良いことが起きるということだけではなく、もしか自分にその「良いこと」が起きなかったとき、なぜ起きなかったのか、ではどうすればいいのか、まで自分で考えられるようなチカラを、カタカムナのウタヒは与えてくれます。

「ヒトツカタ」とは、すべての発生の元に存在します。

今が大事とよくいわれますが、それは、今が時空を生む元だからです。今、こんな状況であれば必ず未来はこうなる、また、発生が止まれば必ず終わりが来る、というように、これは例外だからや、これとこれは別の問題だという考え方は、カタカムナ的ではありません。

すべてのものは相似的で、時間や空間は密接につながり合っています。生きるということは、たとえ一人でいたとしてもその場に存在することで、すべてのものと関係性をもっているのです。

地球という場はそういう場であり、気づいていようといまいと私たちは必ず何かと結びあっている、とカタカムナは伝えています。

バランスが大きく崩れているこの時代だからこそ、発生の哲学「ヒトツカタ」がここに現れ出てきたのだと私は確信しています。

カタカムナが伝えている「ヒトツカタ」を、私なりの解釈でここからみなさんにお伝えしていきたいと思います。

第1章

カタカムナは生命発生の原理

カタ（現象）とカム（潜象）をつなぐナ（結び）

「カタカムナ」とは、簡単にいうと次の三つを重ね合わせたコトバです。

この目で見えている世界である現象　カタ
この目には見えていない世界である潜象　カム
この両界を分けた部分であり、結び目　ナ

「カム」とは、現象の奥に潜り込んでいる世界のことをいいます。この世界が現象を生んでいる、と言われることがよくありますが、実は、結果的に、そうなっているだけです。

カムという世界は、ただ単に大量にエネルギーが充満しているだけの世界です。何もないと思っている場所に、波のように蠢《うごめ》いているエネルギーがあります。そのエネルギーがモノとして現象化しているのは、両界をつないでいる「ナ」という場が存在しているからです。

結び目という場に、現象からのヒビキが関わって今、今、のカムのエネルギーがカタへと変遷しています。「カタ」のヒビキが、結び目を通して「カム」に刺激を与えているのです。ここには、カタという現象と、カムという潜象の二つの世界があるのみではなく、この二つを結んでいる「ナ」という部分が存在しています。

つまり、結び目「ナ」の存在がなければ、「カタカムナ」にはなり得ず、それは、現象も潜象もない、ただのエネルギーのみの世界であるというサトリがここにはあります。


このカタカムナの「ナ」の型を知ることで、私たちはさまざまな現象のあり方を知ることができます。

この世は、カタとカムが連携してバランスよく動き、そして変わり続けています。どちらが先で、どちらが後ということでもなく、また、どちらが本質で、どちらかは本質でないということもありません。「ナ」で両界が結ばれ、一体化し、調和していることが、すべての生命の発生の原理です。

これまで、「カタ」という世界が、この世界のすべてだと思ってきましたが、潜り込んでいる「カム」とつながり合うことで、やりとりしあっていることに気づきます。この世のすべてのもの、惑星や月、太陽や星々から、周囲にあるすべてのモノや生物など、ありとあらゆるモノの中に、例外なくカムとつながる「ナ」は存在します。

その部分を、カタカムナでは、「カムナ」と言います。その部分が、大量のエネルギーが充満する世界とつながり合っているわけですから、とても重要な部分であるといえます。その部分から送られてくるエネルギーによって、すべてのものは生かされているのです。

私たちは、その本質的な仕組みをすっかり忘れてしまっていて、現実の世界のみで生きていると思っています。けれど、本当は生まれてから死ぬまで、両界をつなぐ結び目がエネルギーをやりとりし、その結び目がなくなったときには生命の還る場所、カムへと還っていくのです。

潜象界という言葉は、カタカムナを世の中に遺された楢崎《なら》皐月《さつき》氏の造語です。現代の言葉の中には、反対の方向にある潜り込んだ世界のことを言い表すのに適切な言葉がなかったため、潜象界と名付けられました。

これは、カタカムナという世界観を今の世に伝えるための言葉を、失ってしまっているともいえます。つまり、カタカムナの世界と今の私たちの世界との間には、隔たりが存在していることになります。

カタカムナの世界観を捉えるためには、見えないのではなく潜り込んでいるというように視点を少しだけ変えてやると、本質的なことがわかることを示しています。この視点を変えるということが、今の立ち位置を変化させ、人生の流れは大きく変化することになります。

ある視点の位置とは、1＋1＝2ではなく、1＋1＝「つなぐものが存在しなければ足すことができない」という構造を知ることです。

プラスという＋は、十字ですが、十字の縦と横を重ね合わせることによって、1と1が結ばれる。つまり、「結ばれる」という場の誕生を意味しています。

カタカムナの声音符（声の記号）では、この＋を「ト」と呼んでいます。統合の「ト」です。この記号は、見えない世界・潜象と、見える世界・現象という二つの相反した世界を重ね合わせることで、この世界に多くのものを生み上げていますよ、ということを伝える記号です。

例えば、男性と女性がいて、この二つを結びつける場が生まれることで、子供が産まれます。単に男性と女性がいるだけでは、子供は産まれてきません。この異質な二つのモノが重なり合い、さらにそこを取り巻いている空間、つまり場が重なることで、お父さんとお母さんと子供という、まったく別の三つ目の存在が生まれるのです。

カタカムナとは、単に現象と潜象がつながり合うだけではなく、つながり合う場の誕生、つまり場の発生や、その場がどんなふうに私たちに関わりあっているのかをウタヒ続けています。

私たちの肉体も場です。実は、周りに存在する物体も場なのです。目の前にあるコンピュータも場、外と内を遮断している窓ガラスでさえ場だとカタカムナ人は捉えています。当然のことながらこの空間も場です。これらの場がさまざまに重なり合い、すべてを発生させ続けています。そして、この場のチカラが弱くなっていくことが、死に近づいていくことです。

赤ちゃんは泣くことで、肉体の場を強く逞《たくま》しくしています。また、神社で祝詞をあげることは、空間という場に言葉のチカラが響き渡り、その響きがさらにその場を活性化し、活性化された場が私たちの肉体の場に降り注ぎ、祝詞の響きが私たちの人生を呼び覚まします。

空間にヒビキが生まれるものは、すべて同じシステムをもっています。現象である場にヒビキを誕生させることで、私たちの肉体やその場の中に、潜象のエネルギーを発生させている仕組みがあるのです。この仕組みがカタカムナウタ全編に、一貫して登場します。

現象というのは、そのヒビキによって出てきたもの。

潜象というのは、大量の現象になるエネルギーのようなものが存在している場。

そしてそれをつなぐ場の存在。

カタカムナは、この三つの世界の仕組みがあってすべては生まれ、還元されていくことを伝えています。この仕組みが受け取れるようになると、今ある状況を変遷させるために、つないでいる場を意識するようになります。

この型が、カタカムナの基本にあり、それがヒトツカタとなりすべては出来上がっているということを、カタカムナウタヒの始まりに出てくる五音で端的に説明しています。繰り返しまとめてみると、

カタ・現象に出ているもの

カム・現象になるエネルギーのようなモノが満ちている潜り込んだ世界、潜象

ナ・現象と潜象を結んでいる世界

この三位一体の仕組みですべては生まれ、変遷し、還元されていくということになります。

このヒトツカタという型を知るためには、現代の私たちには少しだけコツが必要です。なぜなら、私たちは、すでにその世界の言葉を忘れてしまって、雲をつかむかのような感じでしかその型を捉えられないからです。

カタカムナウタヒを学ぶことは、その型を把握することだといってもいいでしょう。

イザナギとイザナミ

カタカムナウタヒには、古事記に出てくる神様がすべて登場します。一つ目から六つ目までのウタヒは、カタカムナの仕組みを説明しています。そして、七つ目のウタから、古事記の神代の時代が始まります。

マカタマノ　アマノミナカヌシ　タカミムスヒ　カムミムスヒ　ミスマルノタマ

このウタには、古事記の最初に出てくる神様が順番に出てきています。古事記にいちばん最初に出てくる神様のウタヒです。その意味は、

「アマノミナカヌシさんは、現象というタカミと、潜象というカムミを結んでいます。この二つの世界をマカタマという球にしていますが、それはミスマルという見えないタマであり、ミナカのヌシは、その玉の真ん中に居座るヌシとして存在しています」

この七つ目のウタヒから、古事記の中に出てくる神様が次々に登場しますが、このことからカタカムナが古事記と非常に密接な関わりがあることがわかります。

これまで古事記は日本最古の文献だとされてきましたが、実はそれ以前にもたくさんの文献が存在していました。古事記・日本書紀の中には、失われた歴史書から引用したと思われる箇所が多くあり、そこには必ず「一書に曰く」という文言で引用した部分が記されています。おそらく、それらが今、古史古伝と呼ばれているものであり、カタカムナ文献も少なからずその仲間に入ると思います。

日本の上古代に今のカタカナに通じる文字が存在し、それらを使ってさまざまな天然宇宙の物理現象を記していましたが、だんだんとその本質を読み取ることができなくなり、それでも何とかカタチを変えて、物語としての側面だけが「古事記」として語り継がれてきました。

カタカムナウタが物理であるなら、記紀も物理書だったということになります。つまり、古事記の中に出てくる神様が、物理的な仕組み（コトワリ）としても捉えられるということにもなります。

「たとえ本質的な意味がわからなくなり、表面的なものになっていたとしても、その背景には元型であるヒトツカタが存在する」

これがカタカムナの考え方です。見方を変えれば、私たちの見ている視点を変えることで、サトリの意味がとれるようになっていきます。

現在残されている楢崎皐月『日本の物理学』連続講演会予稿の中には、次のように書かれています。

「記紀は本来天武天皇の企画に係わる歴史書であり、天皇自身は、声音符を用いてこれらの原本を作っている。当時は声音符の読める人は少なく、天皇が稗田阿礼《ひえだのあれ》に命じて、原本を誦習せしめる必要があったのであろう」

私は歴史を学んできましたから、この記述には驚きました。天武天皇が声音符を用いて原本を作っていると何故断言できるのか、楢崎先生にお会いすることが可能なら、真っ先に聞いてみたいことの一つです。

私は高句麗の淵蓋蘇文《えんがいそぶん》という武将と天武天皇は同一人物だと思っていますから、そうなると、当時Asiaという世界にも、この文字が存在していたということになります。アジア・アシアトウアン、何かこのあたりにも隠れたつながりが存在するのかもしれません。

造化三神と言われるアマノミナカヌシ、タカミムスヒ、カムミムスヒに続いて、ウマシタカカムアシカヒヒコが表れます。タカカムからもわかるように、ここにもタカミとカムミを重ね合わせた言葉が出てきます。

そして、アメノトコタチ、クニトコタチ、トヨクモヌ、ウヒチニ、スヒチニ、ツヌグヒ、イククヒ、オホトノチ、オホトノヘ、オモタル、アヤカシコネ、と続き、イザナギとイザナミが生まれてきます。

挙げてきた神様は、もれなくカタカムナウタヒの中に登場しています。トヨクモヌまでは、性別もなく独神《ヒトリガミ》だった神様が、ウヒチニ・スヒチニからペア性をもち、カップルとなって出てきた最後の夫婦神が、イザナギ、イザナミです。

ご存知のように、ここからこのお二人の神が、島々やさまざまなものを産んでいきます。さまざまなものを産んでいく過程で、お二人で産み落とした神様により、愛する奥さんであるイザナミが亡くなってしまいます。悲嘆に暮れたイザナギは、奥さんのいる黄泉の国を訪れます。が、すでに形が崩れてしまったイザナミを見て、逃げ帰ってきてしまいます。

姿を見られて怒ったイザナミが追いかける、そして、なんとか逃げるイザナギ。最終的に彼らは、イフヤサカに「千曳《ちびき》の岩」を置いて隠世と現世を分けてしまいます。そのとき、お互いが向かい合い、「事戸《ことど》を度す」と、古事記には書かれています。

これは、これまで、現象も潜象もなく一つの世界だったのを、千曳の岩で二つの世界に分けたことを表しています。が、それだけではなく、事戸という言葉の扉を立てて、隠世の言葉と、現世の言葉を違えたと言っているのではないかと思います。

黄泉の国、常世の国とも呼ばれる隠世である潜象世界と、私たちが見る感じることのできる現象世界の言葉が違うということを表していることになります。言葉とは、前にもお話ししたように、すべてのモノの働き、法則を示したモノでした。ですから、古事記のこのエピソードは、この世の法則とあの世の法則を違えたと伝えているのではないでしょうか。

カタカムナは、そのどちらの世界の言葉も解説しています。隠世という潜象の言葉はコトバという仕組みとして、現世という現象の言葉は仕組みから現れ出た言葉として、双方向から見た世界を事細かに語ってくれています。

そして千曳の岩こそ、カタカムナの「ナ」であり、ミナカのヌシであり、すべてを存在させる大切な鍵ということになります。

カタカムナでは、神様の名前はすべて法則であり、仕組みだといわれています。仕組みということになると、その神様の名前は現象を生み出す仕掛けになります。日本の国はその仕組みを古事記という物語にして、語り継がれるように伝え続けてきたのだと思います。

イザナミとイザナギが、お二人で神生みをした神様の数は四十八。これは、私たちが使っている日本語の四十八音と相似形になっています。

古事記では、四十八神が生まれるまでを「神生み」と表現し、それから以降の神様の出現は「神成り」と表現されています。そういう意味では、四十八の神様が作り上げる仕組みと、日本語の四十八音の働きが一致するとしたら、古事記は言葉のことを説明しているということになりませんか。

ここまでのことから、現象という生まれ出てくるモノは、潜象という充満したエネルギーが元にあり、二つの世界のあり様は事戸を渡したことで、お互いに少し違っていることがわかります。両界の言葉とそれを組み合わせている仕組みを知ることが、カタカムナという仕組みが生まれるということ。それこそが、生きるチカラを得ることにつながると私は考えています。

カタという見える世界と、カムという見えない世界を、つないでいる千曳の岩を揺り動かすことで両界はつながり合います。

このことは、生命がどこからやってきて、どこへ還るのか、ということだけではなく、千曳の岩という結び目がどう働くことで命がやってきて、また、どんな働きをすることで命は還っていくのか。また、結び目をどのような場に置くことで、今よりさらに人生は美しくなるのか、この結び目と自分の関わりで宇宙の一員という本能的な感受がなされていくように思います。

さまざまなモノが分断されてしまって、結び目という元がわからなくなってしまっている今、この世には「ヒトツカタ」が存在し、それがすべてに共通して存在し、この世界を動かしていることに気が付くことで、「関係性」というある意味、新しい視点が生まれてきます。

本当の意味での「ワンネス」とは、すべてが一つになることではなく、すべてが関係性としてつながり続け、そして変わり続けていくことを意味していることに、私はカタカムナを通して気づきました。したがって大切なサトリを理解するにはとてもいい学びになります。

ワンネスとは、イザナギとイザナミが分けた事戸をつなぐことではなく、両界を分け、違いが発生するということです。分けることで現象の世界も潜象の世界も存在し、その違いをヒトツにすることで、大量の生命力を生んでいることに気づくことです。どちらか一方という偏った生き方ではなく、結び目、両方の世界をつないでいる千曳の岩が、ミナカにあります。

カタカムナは、両界につながる部分にある「新しい生き方」を伝えるために、この時代に躍り出てきたのではないかとさえ思えるのです。

記号や神代文字に残る情報

カタカムナ文字を見ると、文字というより何かの記号のように見えてきます。さまざまな形がありますが、ヒトツヒトツのカタチの中にたくさんの情報が存在しています。日本の古代、国が形成されていくに従って、いくつかの家にそれぞれの神代文字という、永年、継承されてきた文字が登場してきます。口伝や、神事などという形で残してきた数々の、その家独自の表現法がありました。その一つがカタカムナだったのではないかと思います。

例えば、「卜部」という家系が古代に存在していましたが、卜部と書いて「ウラベ」と読みます。カタカムナの十字は「ト」と読みますが、「ト」という記号には、向かって右半分の世界に突出した斜めの線が入っています。カタカムナ的には右半分の世界は潜象の世界であり、現象から見れば「裏」の方向になりますから、このような文字の仕組みを知っている人々には「卜部」という文字を「ウラ」と読むのは普通だったのでしょう。

けれども、現代の私たちは、卜部という文字を見て、「ウラベ」と読める人は少ないのではないでしょうか。このように、その仕組みやサトリを知っている人々に通じる文字、それが神代文字や記号ということになります。

同じ記号文字を共有しているだけで、同じ仲間であり、同じ民族であるとわかるのです。同じ記号をもち続けることは、時間を超え、空間を超えても解けない結び目が生まれ続けます。これが家を守るということだったと思います。

それは古事記の中に出てくる、日本の初代天皇である神武天皇が、敵であるニギハヤヒノミコトのもっている印を見て、お互いに自分と同じ種族であることに気づき、ニギハヤヒを帰順させたことに似ています。記号・印が仲間意識を生んだわかりやすい例です。暗号のような文字で、自分と同じサトリをもった家を存続させてきたのです。

今も私たちは、言葉の壁を超えるために、翻訳機を脳の中にいくつももって、外国の言葉を理解しようとしています。また、同じ母国語を話す者同士、伝えたくても、同時通訳してくれる翻訳機がなく、結果、伝わらなくて悲しい思いが空間に存在しているのを感じるときがあります。時間が経って、お互いの認識が一致したときに初めて言葉ではないものが心の中に生まれ、ようやく暖かな思いを感じることもあります。

おそらく、カタカムナも同じように、私たちの脳の中に、現象の言葉と潜象のコトバの結び目を理解する翻訳機をもつことができれば、記号の中に潜在している情報を受け取れる仕組みが存在しているのだと思います。

また、それだけではなく、カタカムナ文字によって、結び目の翻訳機が生まれることで、これまであった固定観念をほぐし、この世を誕生させている「ヒトツカタ」の姿を脳に映し出してもくれます。

結び目、カタカムナの「ナ」を知ることや知識にすることで、今までの思考パターンや生きてきた流れが、気づかない間に変わっていたということはよくあります。見えない何かを求めるのではなく、見えている記号を知り、深めることで、脳の発生が変化していく文字、それがこのカタカムナです。

記号や、神代文字には秘められた多くの情報が存在しています。その情報を脳は知らず知らずのうちに読み取りにいきます。意識的ではなく、潜在的な部分でも読み取りにいきますから、たくさんの情報が存在している記号には、潜在的な脳の働きを活性化する仕組みがあるのです。

カタカムナ文字には、自然界や見えない世界の情報が込められています。私たちの脳はそれを見たとき、潜在的にそこに遺された情報を読み取り始めるのです。結果、知らず知らず、目の前に起きる現象が変わり始めるということが起きてきます。

人と人との関係性、人と世界との関係性、世界と宇宙との関係性にヒトツカタが存在することを、大きな視点で捉えられるようになります。そうなれば、自分の内に「カタカムナ」がセットされたことになります。

この仕組みは何もカタカムナという古代文字だけではなく、世界に存在しているすべての「記号」というものに当てはまるのではないかと私は感じています。見えると見えないをつなぐ結び目は、大切なものほど言葉ではなく、形にして残してきたのだろうと思うからです。

結び目を知るには、やはりコツが必要です。それは、千曳の岩のこちらと向こうでは、あり様が違うからでしたね。

古事記に登場する神様

カタカムナウタヒの中には古事記の中の神様が多く登場します。一般的には神様の名前として捉えられていますが、別の側面では、この宇宙の成り立ちを物理として伝えてくれています。

古事記に最初に登場する神様は「アマノミナカヌシ」、そして「タカミムスヒ　カムミムスヒ」でした。

カタカムナでは、「マカタマノ　アマノミナカヌシ　タカミムスヒ　カムミムスヒ　ミスマルノタマ」

これは、とても簡潔で何を伝えたいのかがわかりやすいウタヒです。再びになりますが、その意味は、

「アマノミナカヌシはマカタマとして変遷しています。マカタマはミスマルノタマなので、私たちの目には見えないのですが、見えない結び目でタカミとカムミがムスヒしているのが実体です」

これが、宇宙の生まれ方です。タカミというのは、現象のことです。「カムミ」は、潜象の世界になります。アマノミナカヌシが誕生することで、この世界は現象と潜象

という二つの世界に分かれたことを最初に言っています。

「タ」というカタカムナの記号は、「タ・⊖」です。まるで一つの円を二つに分けたような形をしています。

この記号をよく見てみると、真ん中に横線があるおかげで、分けるという仕組みが生まれていることに気づきます。これは決して離れているのではなく、横線で分けながらつながり合っていることも表しています。この横線がミナカのヌシです。

この横線で潜象と現象が生まれたことを、古事記では宇宙の始まりとして次のように語り始めます。


「天地初發之時、於高天原成神名、天之御中主神訓高下天、云阿麻。下效此、次高御産巣日神、次神産巣日神。此三柱神者、並獨神成坐而、隠身也」


アメツチが始まったとき、タカアマハラで成した神様の名前は、アマノミナカヌシ。しかも、この神様には「訓高下天、云阿麻。下效此」という但し書が添えられています。「高」の下にくる「天」は訓《よ》みで、阿麻《あま》と云う。下に此れを効《なら》ふ、と。

古事記ではこの後ずっと、これを有効とする。

つまり、古事記では「高」の次の「天」は常に「アマ」と読むのが約束であると決めています。このことから、高天原は、「タカアマハラ」と読むのですよ、とわざわざ言っていることがわかります。

カタカムナ的にこれを見ていくと、タカという世界と、アマという世界はハラの状態になっていると受け取れます。ハラとは、肉体の腹にも通じますし、野原の原にも通じます。

カタカムナの記号で、ハは、「ハ・」であり、二つの小円が結ばれているような形をしています。そして、ラは、「ラ・」。これは、下半円、地球を半分で切ったような形の中心から、小円が一個飛び出したような形になっています。

これら、記号のもっている意味を重ね合わせてみると、ハラとはタカという現象世界とタカの下にあるアマという世界が結ばれ、大円を半分に切ったような下半円が意味する場の中心から、何か別のものが飛び出したように生まれてくることを示していることがわかります。

この小円が飛び出してきている中心点が、「アマノミナカヌシ」です。「ラ・」の飛び出した小円の位置は二つの世界の結び目であり、タカミという現象の世界と、

カムミという潜象の世界が生まれたこと、その結果、この宇宙が始まったことを語っています。

このように、記号を平面で見ているとわからないのですが、立体構造で見ると、本質に近づいていくことができます。

そしてまた、ここには三という数字の構造が存在しています。先にもお伝えした、

1＋1＝2ではなく、

1＋1＝「つなぐものが存在しなければ足すことができない」という構造です。

タカという現象世界と、カムという潜象世界は「（タカ）ミ　ムスヒ（カム）ミ　ムスヒ」ですから、「ミ」で結び目ができていることがわかります。また、ミナカヌシという二つのものが、この二つの世界を結びつけていることも同時に表しています。

ミという記号を見てみましょう。ミは、「ミ・」という形で、よく見ると、「ラ・」と同じ位置に小円があります。

タカミ・カムミ・ミナカの三つの要素は、「ミ」の位置で、潜象からやってくるエ

ネルギーが「ミ」という現象世界の実になることを示しています。それを古代、「カミ」と言っていたのだと思います。エネルギーが実になる。つまり潜象が現象になる。まさに神ハタラキですね。そのためには、つなぐ場所、結び目という「場」の必要性があることがわかります。場が生まれることで、この先、多くの「カミ」が生まれてくるのです。

神ハタラキ、神シクミ

古事記ではさまざまな神働き、つまり神の仕組みを伝えています。古事記に「高」の下にある「天」は訓読みで、「アマ」と読むとあったように、タカという現象の世界の下には、アマという世界があります。

カムは、さらにアマの下にあって、ただエネルギーが満ちている世界です。ここにもカタ・アマ・カムという三つの仕組みがあります。「ナ」という「つなぎめ・ツ**ナ**ギメ」「絆・キズ**ナ**」ができ、二つのものが「ムスヒ」することにより、「結び目」ができます。そうすると、カタとアマの結び目は「アマナ」と音が変化し、アマとカムの結び目は「カムナ」に音が変化していきます。

昔から、三つ子の魂百まで、石の上にも三年、仏の顔も三度まで、三本の矢、三人寄れば文殊の知恵、三顧の礼、三年寝太郎など、三が想起させるモノが多く存在します。

また、三という数字はお祝いの数字ともされてきました。三三九度は、三段重ねの盃に、三回に分けてお酒を注ぎ、三回で飲みます。お正月の三が日も、新年改まって最初の三日を改めてそういいますね。

造化三神であるアマノミナカヌシ、タカミムスヒ、カムミムスヒをはじめ、世界の神様にも三柱で一組になっている神様が存在します。例えば、ヒンドゥー教では、ブラフマー、ヴィシュヌ、シヴァの三大神が、それぞれ創造、維持、破壊を司るとされています。キリスト教では、神と子と聖霊の三位一体（トリニティ）が存在します。

ピタゴラスは、宇宙の万物は三つの構造から成り立っていて、宇宙のすべては三角形という図形と、三という数字に集約することができるといっています。

神武天皇をヤマトに導いた八《や》咫烏《たがらす》は三本足のカラスです。三本柱の鳥居、三囲《みめぐり》神社なども有名です。三という言葉は、混じり合った世界を分ける、「タ・⊖」するという仕組みがなければ、現象も潜象も存在しないということを示しています。

何度も言いますが、どちらが先でどちらが後ということではなく、分けている横線一本の世界が存在するからこそ、両界が存在しているということになります。その大事な部分を「アマノミナカヌシ」とし、見えないタマ、「ミスマルノタマ」であるとしています。

では、現実的にはそれがどこにあるのかというと、すべてのモノの中にある原子核だとカタカムナを世に出した楢崎氏は解説しています。

原子核は、私たちの肉体の中にも、この空中にも、そして宇宙にも存在しています。つまり、私たちの肉体の中で、空中の中で、宇宙の中で現象と潜象を生んでいるということになります。

「今、ここ」とは、すべての細胞の中にある核の部分で発生しているのです。宇宙の誕生は一三八億年前の遠い昔のことではなく、今・イマのことです。

今とはつなぐ部分、アマナであり、カムナであり、アマノミナカヌシが発生しているところです。原子核に事故があり今を生んでいるという世界へ自分の視点を映していくことで、今まで気づいていなかったさまざまなものを受け取ることができるようになります。

ヒノモト　日の本

「つなぐものが存在しなければ足すことができない」という構造は、さらに深い部分を考えてみると、つないでいるものがこの世界を作り上げていると言い換えることもできます。

混沌とした世界、見えないも見えるも存在しない「ただある」のみの世界から、この両界を分けるものが生まれ、両界を発生させているのです。

これが、すべてのモノの「根拠」であり、「始まり・ハジマリ」であり、「ヒ」です。相似象学会誌は、「ヒ」という音の説明の部分に「玄」という漢字を当てています。「玄米」の玄です。これを広辞苑で見ると、次のように出てきます。

❶｛形容詞｝くらい（くらし）。ほのぐらくてよく見えないさま。また、奥深くてくらいさま。

❷｛名詞・形容詞｝くろ。くろい（くろし）。光や、つやのないくろい色。また、く

ろい色をしているさま。
❸〔名詞〕天の色。また、天のこと。▽空の色は奥深くくらいことから。
❹〔名詞〕うすぐらい北方。
❺〔名詞〕奥深くてよくわからない微妙な道理。「玄学「玄教」
❻〔形容詞〕かぼそいさま。

なるほど、檜崎皐月さんや宇野多美恵女史は、この漢字を「ヒ」に当てたのだと納得しました。仄暗《ほのくら》くて見えないのではなく、仄暗く見えている状態は、まだまだ生まれたての本当の始まりです。本当に最初の最初。発生したての双葉にもなっていない芽が、ほんの少しだけ地中から微かに見えている状態です。

ここからすべてが始まるその「点」。つまり、点がもっている情報、在り方、仕組みが、この世界のすべての現象の根拠です。この型をもってして、この世界のすべては作り上げられている。つまり、この型を知ることで、発生の原理を知ることができます。

私たちは、両界に分けた片側の世界に存在しています。けれど、このすべての発生の中に、向こうとつながる場が存在しているのです。

見えない世界だけを捉えるのではなく、見えている世界だけで生きるのでもなく、この両界をつないでいる「ナ・結び目」の部分を感じながら生きてみたら、この世界を二倍楽しむことができます。

私たちの目の網膜に映る世界から、潜象という潜り込んだ世界を見ることで、見ている世界が変遷していきます。マイナスでネガティブだと思っていたことも大切な自分の個性となり、手放したい自分の過去もこれからの未来をつなぐ大切な架け橋になります。

自分を愛することや、自分を楽しむことで、時代は生き方を先導してきましたが、愛すること、楽しむことがわからずに疲れ果てている方とも私はたくさんお会いしてきました。

愛する、楽しむことの根拠、ハジマリは、自分を生かす方向性にあるとカタカムナは伝えていますから、疲れ果てること自体、何かが違っていることを教えてくれています。

本当の愛する、楽しむは、この「結び目」という型があることを知ることで始まるのではないかと思います。

ついこの前も、自分はネガティブだという女性に会いましたが、お話をしていると、今の世の中でよく言われているように、ネガティブを解放しようとしている彼女は、「解放する」と自分が思うことで「苦しい」を発生していることにだんだん気づいていかれました。それは、あとで語る釈迦の「死を克服する」ということが、自分を苦しめていることに気づくことと同じです。釈迦は、「死」を克服しようとするエゴを手放したときに、「マノスベ」「ヴァヤ ダンマ サンカーラ（もろもろのことは過ぎ去る）」を手にしました。

彼女も「自分をそうしている結び目」に到達したとき、「これでいいのですね」と納得し、そう納得することで、ネガティブは解放されるものだという、誰かによって結ばれた「結び目」が自分の中にあったことに気づき、認識をあらたにされました。このとき、彼女の「潜象」という世界が、彼女の「現象」という世界と結びついたことになります。

潜象という「おかげさまで」の世界が、自分に対して必要のないことなど作り上げたりすることはありません。手放すという思いは、さまざまな何かを手放すのではなく手放すということを手放し、根拠というもののまま、つまり、あるがまま、マノスベに存在していくということへのプロセスなのだと思います。

太陽は昇り、そして太陽が廻り、太陽が沈む。このあたりまえの世界の中で、太陽を昇らせ、太陽を廻らせ、太陽を沈ませている潜象があります。

日本に住んでいた古代人は、その潜象の声を大切に大切に自分の中に感じ続け生きていた民族です。言い換えると、必要のないことは起きてこないのではなく、すべてが「ココ」に起きていることを感じ続けてきた民族なのです。

「全肯定」という言葉もよく聞きますが、肯定するも、否定するも、全部ここにあるのです。自己肯定感でさえ、自己否定がなければ存在しません。そのことに気づくのは、両側の存在、「結び目」の存在に気づくことです。

潜象と現象という両界をニホン、ニッポンとし、存在してきた日本の国は、またの名を「ヒノモト・日の本」という形で示されてきました。日本とは「二本」であり、両界をつなぐ元がここにあると捉えることもできます。

また、世界の雛形は日本にあるとよく言われます。「ヒ・玄」という元を知っている民族の国、あるいは、潜象と現象のつながりを使って生活をしてきた民族であることの宣言でしょうか。私には、そう思えてなりません。潜象と現象の結び目こそ、カタカムナでありアマカムナです。

カタカムナの国、日本。

この国で起きたことは、世界でも起きるという現象のみならず、日本という国名が示している「結び目」で世界が発生していることを、世界に呈していることを誇りに思いたいと思います。

その解説に入る前に、カタカムナ文献について、それはどんなもので、どこに存在していたのかということについて、お話を進めていきます。

第2章

カタカムナ文献（ウタヒ）とは

カタカムナを読み解いた楢崎皐月

「カタカムナ文献・ウタヒ」はウタです。人々にウタヒ継がれるモノだったと思います。人々がウタうことで、自分の、また目の前の人の、生命を活かしていたモノだったはずです。

つまり、文献とは言いますが、本質的には「カタカムナウタヒ」だったのです。

このカタカムナウタヒが世の中に出てきたのは戦後です。それまで、ずっと隠されてきたとされていますが、それは日本でのお話で、楢崎先生はその原型をまず満州でご覧になっています。楢崎先生、楢崎皐月氏は、カタカムナウタヒを世の中に出された方です。

この方は、明治時代に山口県の東萩に生まれています。お祖父様が松下村塾で伊藤博文と同期だったとされています。数年前、そのことを調べるために山口へと出かけました。松下村塾のあった場所に松陰神社という神社があり、そこの権宮司さんにお話を聞き、いろいろと調べていただきましたが、お答えは「古い時代ですから記録に残っていないのかもしれませんが、塾生の名簿の中にそのお名前は見つかりませんでした」ということでした。

ただ、この時期に、山口、松下村塾へ出向いたことには大きな意味がありました。教育課程を専攻していた大学時代、私の卒論テーマは「吉田松陰の教育論」でした。

「教えることはできないが、一緒に学びましょう」

これは吉田松陰の遺した数々のコトバの中のひとつですが、当時教師になりたかった私の心にいちばん響いたコトバです。

吉田松陰を思うと、「不屈の人」、そして「好奇心にあふれた人」という言葉が私の中に立ち上がります。自分の思いに素直に、心に湧いた振動を消すことができなかった人。そして、多くの人々に新しい生き方を展いた類まれな教育者だったように感じ、

「吉田松陰という教育者はどのように誕生したのか」

「なぜ、彼の教育で、新しい世の中を作り上げる人々が生まれたのか」

が、中心的な研究テーマでした。

好奇心でいっぱいで、不屈の人だった吉田松陰と、カタカムナウタヒを突き詰められた、楢崎先生がダブります。

カタカムナは「教えることはできないけれど、一緒に学んでいきましょう」と今、私もそんなことを思います。教えることができないのは、教えられるものではないこと。言葉にしてしまうと、そのモノの相・カタチは決まってしまいますが、本当に継がれていくものはカタチではなく、カタチの中に存在する中心的なことです。その捉えようのない中心的なモノの中にこそ、学び得る、また未来にも継がれていくモノが存在しているはずです。

だから、共に学んでいきましょう。

私の言葉でカタチ作るのではなく、カタカムナの記号が伝えてくれることを通してみなさんの中に自然と立ち上がるモノが存在します。それがカタカムナである。と、山口で吉田松陰を通して、そんなことを楢崎先生に伝えてもらった気がしています。

楢崎皐月さんは、生まれて半年後に、お母様の実家である北海道へと引越しされ、北海道の小樽で育ちました。北海道の大自然という、とても大きなモノに包まれた生活が、その後の「大地電気の研究」に大きな貢献を果たしたのではないかと思います。

カタカムナの中で、重きを置いているのは「場」です。どんな場に発生し、どんな場にカカワリをもったのかは、実はこれからお話しするカタカムナの世界観では、とても大切なことなのです。

この視点で捉えると、楢崎皐月さんは山口で生を受け、半年後に北海道の小樽へと入り、その場にカカワリながら大きくなられたという背景が存在することになります。山口県の松下村塾からは、時代を動かした人々が大勢出ています。山口県萩というのは、その場のもつチカラ、吉田松陰の存在した幕末という時代の場があり、明治という大きな流れを作る杭《クヒ》になった方を輩出した場所です。

松下村塾という強烈な自然体の教育法が存在した場で生を受けたことに、楢崎皐月さんを楢崎皐月さんとしている理由・ワケが存在しているように思います。そして、その基底の背景が元になって、その後さまざまなことが起きてきます。

戦時中、東條英機に請願されて陸軍の技術研究所の所長として満州の吉林に向かわれ、その際に出会ったのが蘆有三《ラウサン》という老子教の道士の方でした。この方が最初に「カタカムナ文字」のようなカタカムナの原型を楢崎さんに見せたといわれています。

当時、楢崎皐月さんは製鉄の研究をしていました。戦時中の、モノのない時代にどうしたら「良い鉄」ができるかと、鉄の製造の方法を研究していたのです。あるとき、良い鉄ができる工場の側に生えている植物には勢いがあることに気づかれます。そのことから、植物を元気にしている場所には、その場に何かあると思いついたわけです。

そして、何かあると思いついた折も折、不思議な茶釜に出会います。「蘆有三」に面会に行ったときに入れてもらったお茶は、庭の泉から水を汲み、鉄製の茶釜に注ぎ、数枚の木の葉に火を点けただけで驚くほど早く水は沸き、そのうえ、想像を絶するほど「熱かった」のだそうです。

「木の葉数枚だけで、しかもこんな短時間に水が沸くわけがない。この不思議な茶釜は一体どうなっているのか？」

研究者というより、好奇心がむくむくと立ち上がり、「その茶釜を調べてみたいから譲ってくれないか」と楢崎さんは申し出ます。

それに対し蘆有三はこう答えたといわれています。

「これは代々継承してきたものだから譲るわけにはいかない。けれど、これは日本で作られたものだから、日本に戻って求めればいいのではないか」

さらには、「日本には昔から立派な文化があったことをご存知か？　日本にはヤタノカカミを見るだけで、すべての法則《コトワリ》・サトリを抽《ひ》き出すことのできるカミツ文字という文字がある。その文字を整え、ヤタノカカミ名でいろいろと記述してきた文化もある。また、同じ音のコトバは、意味が変換されてももともとの原理は同じという類まれな文字をもっている。それはとても羨ましいことだ」
楢崎皐月さんはこれを聞いて心底、驚かれたそうです。

戦争が終わり満州から引き上げて日本に戻られてからは、未来の人々のために大地電気の基礎研究をするために全国を測量されて回っていました。この大地電気自体、「場」がもっているチカラのことです。

その調査のために出かけた、兵庫県の山の中で今度は、穴居生活をしている不思議な人、平十字《ヒラトウジ》という人物に出会います。出会いの場所は、カタカムナで有名になった「保久良《ほくら》神社」という神社のある六甲山系の金鳥山ということになっています。

この保久良神社付近にはたくさんの磐座《いわくら》が点在し、カタカムナの大切な仕組みである「発生」の場を作っているように思います。そして平十字というのは、そのあたりにあった「カタカムナ神社」の宮司だったといわれています。

この平十字からカタカムナウタヒを楢崎皐月さんは受け取ることになります。カタカムナウタヒは、その神社に代々伝えられてきた御神体で、「見たら目が潰れる」といわれている大切なモノでした。

あることがきっかけで、平十字は楢崎皐月さんにその御神体を見せてくれたのです。

楢崎皐月さんはその巻物を見て、一目で満州の蘆有三が言っていた「ヤタノカカミ・八鏡文字」ではないかと閃めくのです。

蘆有三の「日本には昔から立派な文化があった。日本人はヤタノカカミを見るだけで、すべての法則《コトワリ》を抽《ひ》き出すことができる」という言葉が、いつも楢崎皐月さんの心のどこかで響き続けていたのでしょう。

それ故、この平十字との出会いは、場が仕組まれていたように、現象化したのです。それを写し取りたいと申し出て、平十字さんの許可のもと、巻物に書かれた図象を夜な夜な写し取ることになります。

「巻物が御神体であるという。真剣な顔、我を圧す」
「何かある。まる（丸）とじゅうじ（十字）とひらとうじ（平十字）、にぶき灯のもと、じっとみつめて」
「何のためにうつすのか？　われにもわからぬ。好奇心？　それだけではない何か大きな力がわれを引っ張っているような感じがする」

と、楢崎さんのノートには記されています。このようにして、二十一日間かけて楢崎皐月さんが巻物から写したモノが、これからみなさんにご紹介をしようとしている

「カタカムナウタヒ」です。

その後、蘆有三《ラウサン》も、平十字も胡散霧消《うさんむしょう》しています。彼らがどこにいるのか、どんな人だったのか、もっと言えば本当にそんな人がいたのか、それらは全部いわば胡散臭い世界の中に漂っているように見えます。

けれども、ノートに記された「何かある」という言葉に共振するものは、確かに私の中にも存在します。カタカムナウタヒを見ていると、確かに「このウタには何かある」という感覚が湧き上がってきます。言葉では説明できない「何か」が常にソコにある。そして、それがなんなのかを突き止めたい衝動にかられる。それは「カタカムナウタヒ」の後ろの正面、カムナがそうさせるのだと思います。その衝動に突き動かされ、楢崎皐月さんは、この文献を「物理学的」に紐解かれていきます。

その後、結果的には、日本に住んでいた古代人が用いていた「物理図象」であることを突き止められます。これらは文字を超えた数学的または物理学的なモノで、

「私たちはどこから来て、どこに還るのか」

「また、どのようにして発生し、どのようにして生きるのか」

を示す、とても重要なモノであることを解明されていきます。

見える世界のことを扱う現代科学に、潜象である見えない世界を取り入れた「直観物理学」は、現代科学を専門的に取り扱っていたエキスパートだった楢崎皐月さんだったからカタチにできたといえます。もし、そうでない方が手にしていたら、摩訶不思議な古代文字としてカタカムナは命を終えていたのかもしれません。たとえ非科学的なものであっても、それは非現実ではありません。そういうものを見た人々はそれを「不思議なもの」としてしまいます。

が、楢崎皐月さんは不思議で非現実的なことを、科学的に解明する「場」をおもちでした。この文献にはその不思議の根拠が数々登場します。古代文字の類でありながら、古代文字を解明するだけではなく、それは物理、モノの法則、理《コトワリ》を知ることで、不思議で解明できない、さまざまな現象に納得がいく、つまり不思議なモノの理由が理解できる仕組みがウタの中に記されています。

さて、少し話は飛びますが、例えば釈迦も孔子も、古代において悟りを得ました。が、その悟りを受け取る弟子には、その悟りの実体験がなく、釈迦や孔子たちは自分の悟り体験を言葉にして伝えたけれど、体験のない弟子には違って伝わっていきます。

つまり、悟った人がもっている言葉と、そうでない弟子たちのもっている言葉は違っていて、釈迦や孔子が伝えたモノとはまったく違うものが、広まっていったのです。

これは、イザナギとイザナミの世界の間に千曳の岩を置いたために、言葉のもっている意味が違うことと相似形です。それに気づいた楢崎皐月さんは、解明をした自分がもっている言葉の性質をそのまま受け取れる後継者を探し始めます。

最初にもお伝えしたように、私という自分が、カタカムナウタヒと関わる時空間が増えれば増えるほど、そこに秘められた多くのサトリが、ウタの中から浮かび上がってくるのがカタカムナです。

つまり、日々の体験や経験が重なった分、表現の言葉は仕組みの言葉へと変遷していきます。ですから、同じ言葉でも、放つ人によっては、まったく違う意味をもっていることになります。

つまり、彼は、カタカムナの言葉のもっている意味そのモノとして伝わり、またそれを伝えてくれる後継者が必要であると考えたのです。そこで出会われたのが、のちにカタカムナを「学会誌」という形で残すことに成功された宇野多美恵女史でした。

まったく関係ないと思うようなことが、次々とつながっていく、そんなタイミングは誰にでも訪れることとで、楢崎皐月さんもカタカムナという大きな流れの中にいらっしゃったのだということがわかります。

時代の幕開けを象徴したかのような山口県東萩で生まれ、小樽という大自然の中で育まれ、さまざまなことを通じて、電気関係の道を歩まれ、その視点から大地の電気を扱うことで、モノを変遷させることに成功されました。

そんな中で出会った文献が、この方の人生を大きく舵取りしたようで、本質的には、生まれた最初の時から、この文献を求められていたように思います。後継者となられた宇野多美恵さんとの出会いで、カタカムナウタヒは、そのまま埋没してしまう憂き目を避けることができ、今の私たちも受け取ることができるのです。

継承者、宇野多美恵

今でこそ、楢崎皐月さんがつけてくれたルビがふってありますが、平十字がもっていたモノには、当然のことにルビはありませんでした。何年もかかって、すべての図象にルビをつけられ今のカタチになりました。そして、宇野多美恵さんにその内容のほぼすべてを継承されていきます。

宇野多美恵さんは、学びにかけては真摯に自分の中の「何故」を突き詰められた方で、十八歳の頃に中沢美代子さんという方から、孔子が残された「論語」を学び、そしてその後、冨永半次郎さんより釈迦が残した「釈迦仏陀本紀」の解釈を学ばれていきます。

最初の学びから三十年後に楢崎さんのカタカムナに出会われたとき、「今まで自分が知りたいと求めてきたものがすべてそこにあった」いう、感動の言葉が学会誌に遺っています。

四年間という時間を積み上げ、楢崎皐月さんの解明したカタカムナが宇野多美恵さんへと継承されていきました。そして宇野さんは、楢崎皐月さんが亡くなった後もカタカムナの悟り（コトワリ）を遺すために、学会誌を書き続けられました。

宇野多美恵さんは、八十首の解説の途中、七十三首の解説まで本として遺され、事故で亡くなられました。

論語とカタカムナ

宇野多美恵さんの遺された論語は、中沢美代子さんから伝えられたものを、最終的にカタカムナを通して見ることで、新しい読み方を提案され、儒教の徳目主義とは違う方向で捉えることで、孔子が本当に伝えたかったことに肉薄しているように感じます。

例えば、カタカムナ文字の「ホ・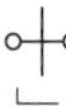」は、両端にくっついている小円二つが表している現象と潜象の世界が、十字でつながれているのを示した記号です。

その二つの世界が動きながら動的なバランスを取るようになると、両端の球は結ばれ、結び目にカムからのエネルギーが運ばれてくることを表している縦線が入っています。

このことをカタカムナでは「カムウツシ」と言い、縦線のことをカムウツシ線と呼んでいます。

あなたと私が向かい合うことで、カムからのエネルギーのウツシが生まれる。カムからのエネルギーとは、簡単に言えば「生命力」のようなチカラの発生と考えてもいいかと思います。向かい合うことで、生命力が生まれる。まさに発生の哲学です。

孔子は、このような仕組みを「仁」と言っています。

「仁」は、漢字を分解すると、「二人」になることから、二人が向かい合っていることを示すとされていますが、二人が向かい合うことによって、発生しているエネルギーがあることを示しているのが、カタカムナの記号「ホ・」の意味するところです。

「仁」とは、孔子の道徳の根本原理です。孔子は、世の中の乱れにより、人を慈しむ心をなくしてしまった人間に、愛する心を思い出してもらいたいと、「仁」というものを説いているといわれています。

孔子の「論語」の中に、

「子曰く、仁遠からんや。我れ仁を欲すれば、斯《ここ》に仁至る」

これを現代風にいうと、

「先生は、おっしゃいました。仁は手の届かない遠いところにあるものではない。自分が仁を求めれば、あなたの目の前に仁はいつでもあるのです」

となります。ただ、一般的に、孔子が説いた「仁」には定義はなく、「仁とは何か？」を多くの研究者は今も求め続けていますが、弟子も研究者も未だ決定づけた答えを出していません。

それもそのはずで、宇野多美恵さんはカタカムナを通して、孔子の仁は、理想化されたものではなく、二人の人が向かい合うことで生まれてくるもので、それは、そのとき、その場、その人々の間でのみ感受するものであって、誰かが定義づけられるものではないことを説いています。

あなたと私が向かい合い、産霊《ムスヒ》することで、結び目ができたら、途端に、「ホ・◦┼◦」となります。それは、その二人が感じるエネルギーであり、みなそれぞれ感じたモノは違うということです。

自分が求めれば、すぐにあなたの目の前に、生きるためのそのエネルギーは届くのです。これは、仁とは、儒教的な心のたたずまい的なことでも、説話的な話でもなく、欲すれば、たちまち生命力のようなエネルギーは、その人、その場に必要な分だけ物理的に届くことを伝えている教えだとわかります。

ちなみに、「ホ・◦┼◦」には、「惚れる」とか、「欲しい」とか、だいたい相手を存在させる記号であることがわかります。

また、星はホの示しですから、ある意味、星を見つめることにより、その間に結び目が生まれると、そこから生命力のようなカムウツシというカムのエネルギーが届くはずともいえます。

古代から人が空を見上げていたのは、こんなサトリが存在しているからかもしれません。

釈迦仏陀本紀

釈迦仏陀本紀とは、仏陀の最後の旅を記したものです。

王舎城から最後の旅に出た仏陀は、弟子の舎利弗《しゃりほつ》に出会います。出会ったときのことは記されていませんが、その内容にも、「ホ・」がイメージされます。仏陀と舎利弗が出会い、結び目ができたことで、前途がひらけたような気持ちになったと書かれています。

「不思議な気迫のこもった言葉は自分の心を驚かし心に通づるものを感じた。(中略) 舎利弗のあの言葉はそのような通途《つうず》な浅はかに解し去るべからざるものであろうが、今の自分の及ばない何ものかが感じられる」

と、パーリー語をそのまま日本語にされた冨永半次郎さんは記されています。仏陀は舎利弗が放った気迫が忘れられず、「あれはいったい何だったのか」と、旅の折々に考え尽くしている様が、釈迦仏陀本紀にはありありと描かれています。その後、病に陥り、そのために舎利弗が放つ気迫が何だったのか、真の覚醒とは何なのかを仏陀が悟った様子が残されています。

仏陀が最後に放った響き、「ヴァヤ　ダンマ　サンカーラ　アッパマーデナ　サムパーデタ」

この「ヴァヤ　ダンマ　サンカーラ」という言葉はカタカムナではどういうことなのかと、宇野さんが楢崎皐月さんに問うたところ、「マノスベシ」であると教えられたと学会誌に掲載されています。

「今まで自分が知りたいと求めてきたものがすべてそこにあった」

求め続けてきた言葉をさらりと口にされた楢崎皐月さんによるカタカムナとの出会いです。

宇野多美恵さんは、前述の中沢美代子さんから孔子の論語を、そしてパーリー語原典から直接日本語に翻訳された冨永半次郎さんから釈迦の言葉を学ばれました。同時に、冨永半次郎さんからは、ゲーテや芭蕉の弟子である宝井其角などについて学ばれてきた素地をおもちでした。

カタカムナに出逢われたのは、その学びの中でもわからなかったことがあり、孔子の仁とは？　釈迦の「ヴァヤ ダンマ サンカーラ」とは？　この答えを絶えず求め続けていたからこそ、カタカムナとの結び目がもたらされたのだと私は思います。

釈迦が舎利弗に出会ったときに感受したあの気迫が忘れられず、絶えず考え尽くしていく間に、最終的に受け取れた大切なこの世とあの世の仕組み。それと宇野多美恵さんが絶えず求め続けた結果、カタカムナに到達されているのは相似形であると言えます。

それは、誰かに教えられたことで答えを導き納得することではなく、簡単に今の自分で謎解きができる答えで満足してしまうことでもなく、終始、突き詰めていくことで、自分の心が、心から納得するものをもたらしたのだと思います。

表面的な意識で感じる「何だろう？」というモノと
潜在的な本質である「それを知っている」というモノが

結びあい、産霊することで現れ出てくるモノがある。

それは、結び目に発生する、自分の感受なくしては成し得ないことなのだと書かれています。

私たち人間だけが、刹那の結び目を捉えられる存在であり、結び目が発生しているささやかな響きを受け取れる生き物であると、釈迦は言っています。そのささやかな響きが騒がしくなることが人間を苦しめ、生きづらくさせているので、それをなくしてしまう修行を何年も成してきたけれども、なくなることはなかった。

最終的に感受したものは、騒がしくなることで苦しめているのは、それをなくそうとする五蘊《ごうん》の盛りであったといいます。

簡単にいうと、私たちが「エゴを手放す」という「エゴ」から解放されたときに、結び目は落ち着き、静かにその役割を果たすようになることを「ヴァヤ ダンマ サンカーラ」マノスベだと伝えています。

絶えず変遷している世界にいる私たちも、絶えず変遷を続けています。

それに逆らい、争うことで、響きがにごり、真のミナカが霞んでしまう。「ヴァヤ ダンマ サンカーラ」うちなる響きのままに、自分の中のもう一人の自分と対面す

ることで、常にカムウツシの状態は続き、心も肉体も動的な均衡状態で存在すること
ができるようになるのです。

学会誌の中に宇野多美恵さんは面白いことを書かれています。

こんなことをやっていて何になるんだ、何のためにするんだ、ということをやり続
けることによって、エゴは消えていく。

目の前のことを淡々とやり抜くことで、ヴァヤ　ダンマ　サンカーラ　マノスベは発
生し続けていくのだと。

ジャンヌ・ダルクとナイチンゲール

学会誌の中で宇野多美恵さんは神秘性を完全に否定されています。

見えない世界を取り扱うときに、超能力や神秘主義で捉えていることを脳が勝手に
起こしている妄動だというように書かれています。

ですが、「感受性について」という学会誌の中には、『ナイチンゲールやジャンヌ・
ダルクの聴いた神の声は、単なる神秘思想ではなく、『自分の中なるもうヒトリの私』

の変形であり、潜象物理学でいう『共振波動』の現象であったろう』と書かれています。(感受性について　補講4　232ページ)

その一文を読んだとき、「えっ、ソレは、神秘性とは言わないのか」と、私は驚きました。と同時に、そのとき、それまで学会誌を読み続けてきたのは、私の脳だったことに気づいたのです。つまり私の解釈で読んでいたことに気がついたのです。

宇野多美恵さんの表現している「神秘思想」という概念は、私のもっている「神秘思想」という言葉とは違っていたことを、そのとき、突きつけられました。

「同じ言葉なのに、コトバのもつ波動が違っている」

そのことから、宇野多美恵さんが書かれたすべてを読み直した経験があります。

それまで、私の中では、「神の声を聴く」ということ自体が神秘思想そのものでした。そういうことを一括りにして全否定されていると思い込んでいました。

が、宇野多美恵さんは、ナイチンゲールとジャンヌ・ダルクの聴いた声は、単なる神秘ではなく、自分の内側に存在するもっとも自分である部分との共振だったろうというのです。

それまでは、その違いがなんなのかは、わかりませんでした。なので、ジャンヌ・ダルクとナイチンゲールは特別なチカラをもった人だったのだと、私の中に別の神秘思想のような捉え方でその言葉が落ちていました。

つまり、そのときには、まだ、カタカムナというコトバの意味さえも、真に理解できていなかったということになります。妄動していたのです。

自分の言葉と、書かれている言葉は同じ音でも、捉え方、視点の位置が違っている。自分の観念を外し、素直に学会誌を読み直して初めて、「自分の中なるもうヒトリの自分との共振」と、「妄動」の違いがわかるようになりました。

そして、同時に「カタカムナ」という言葉が、どれほど、この世界にとって大きな意味合いをもつものなのかを知りました。

つまり、ジャンヌ・ダルクやナイチンゲールが聞いた神の言葉は「カタカムナ」のカムナの部分の発動だったのです。

どう違うのかというのは、本当に自分の中にある「カタ・カムナ」の部分の発動なのか、それとも、表面的な自分の考え、常識、非常識、誰かに植え付けられてきたことで判断していることなのか、の違いだということです。

肉体である「カタ」が、自分の内なる声との結び目「カムナ」の発する声を、真に捉えているのであれば、「神の声を聞いている」という表現は、ただの神秘思想ではなくなります。

ジャンヌ・ダルクは十三歳の夏、神の声を聞きます。声は大天使ミカエルと名乗り、「これまで以上に熱心に教会に通いなさい。神の教えを守り、清らかに暮らしなさい。そしてフランスを救いなさい」と、伝えます。

そして、十六歳のとき、フランスにとっては、重要な橋の存在するオルレアンの町がイギリス軍に包囲され、フランスが滅亡しそうなとき、ジャンヌ・ダルクはまた声を聞きます。「オルレアンを解放し、王太子シャルルをフランスで戴冠させなさい。彼をフランスの王にすれば戦争は終わります」と。

そして声はさらに、守備隊長に会うよう告げます。神の声に従うことを誓ったジャンヌ・ダルクに、さらに声が響くのです。「フランスを救え！」と。

最終的に、ジャンヌ・ダルクの内なる声に従う行為が邪魔になった人々によって彼女は殺されてしまいます。が、彼女は最後までその神の声に従い、フランスのドンレミ村の少女が、大きな戦争に立ち向かう人生に導かれていくのです。

一方、ナイチンゲールも、生涯のうちで神の声を四回聞いたといわれます。

最初は十六歳のとき。「一八三七年二月七日、神は私に語りかけられ、『神に仕えよ』と命じられた」と、メモ書きに残しています。

ジャンヌ・ダルクを見ても、こういった出来事の前は、何かしら自分を究極まで追い詰め、苦悩の真っ只中にあるときに起こることが多いように思います。その頃、ナイチンゲールは、看護の道に進むことについて、ものすごく思い悩んでいました。どうすればいいのか、どうすれば突き上げてくるこの思いに従えるのか、と。

私も、そんな経験を一度だけしたことがあります。

ある日、自分がやってきたことに、どうも腹に据えかねることが起きて、翌朝、神棚に手を合わせ、祈りました。

「この世に対して自分の存在理由があるのだとしたら、どうぞ、そのためにこの肉体を精一杯使ってください。本当にこの生き方は嫌になりました。であるなら、どうか、何を成していけばいいのか、わかりやすくはっきりと教えてください」と。

そして、その日の夕方に電話が鳴りました。電話に出ると、私に三人目のカタカムナの先生を紹介してくださるというお電話でした。

その方に後から「どうして私だったのですか？　他にもきっと、その方を紹介してもらいたい方がたくさんおられたはずなのに」とお尋ねしたら、「わからない。なぜか川ヰさんだったの」というお答えが返ってきました。

その方は、私の放った言葉で動いた神の声を聞いたのかもしれません。

妄動と神の声を分ける大きな違いは、行動にあるのだと思います。神の声を聞いたジャンヌ・ダルクとナイチンゲールは、「聞いた」だけではなく、その後、たくさんのことを感受し、行動に移していきます。それが、土台無理なことでも思考で考えずに、ただただ、やり抜いていくのです。

「答えはわからない。でも、そうなの」は、人間がもつ大事な感受能力ではないかと思います。感受したことに、理由を求めていては、いつまで経っても為されることはありません。

けれど、感受したことをそのままに、そのままを成し続けることで、最終的には驚くほどのことを成し遂げることになるのかもしれません。

楢崎皐月さんが、後継者として宇野多美恵さんを選んだのは、驚くほどの感受能力で、自分がカタカムナを通して受け取ったモノと同じものが捉えられ、そしてそれを、幅広く伝えていくことができる方だと見抜かれてのことだと思います。

今、私たちがカタカムナのウタを読み、学べるのはこの方々のおかげです。

宇野多美恵さんは、カタカムナウタの解説をし「相似象学会誌」という書籍をこの世に二十六冊も残されています。

第3章

カタカムナの根拠

「カ・十゜」カムの世界に充満しているエネルギー

さて、いよいよカタカムナの本題に入っていきます。

カムの世界に充満しているエネルギーのようなものを、カタカムナでは、「カ」と呼んでいます。これはすべての元になるとても重要な音です。

記号は「カ・十゜」という文字記号になります。十字象に小円一個でできています。

小円は向かって右側の端っこの位置に存在しています。

大円がないのは、現象のモノではないことの表れ。つまり、潜り込んだ潜象のモノであることを示しています。そして小円の位置は、「始まり」を意味している位置に付けられています。十字が表しているのは、回転しているという動きです。

このことから、この記号が表しているものは、

現象物ではない

潜象世界で回転をしているもの

小円の位置は「始まり」の位置にある

このことから、見えない世界で回転をしていることは、現象への始まりになることを表していると取れます。つまり、潜象の中の、ただのエネルギー状態で存在していたものが、何らかの影響で回転を始めたわけです。

それが、現象へのスタートですが、まだ、現象には程遠い、見えない現象として存在していることを表しています。

見えない現象とは、現象世界にあったとしても、私たちには見えないモノということです。そういうものは意外にたくさん存在しています。

例えば、空気もそうですし、地球の全貌にしても、その目に見ることのできる人は一握りです。また、原子だったり分子だったり、大きすぎて見えないものや、小さすぎて見えないものに私たちは囲まれ続けています。

霊だったり、人との関係性や、その場の雰囲気も見えない現象です。見えない世界からやってきたものは、まずはそういったものに姿を変えて現象世界へと映し出されてきます。

ですから、この世の始まりは、私たちには見えない形としてスタートしています。

見えないけれど感じる、感じるけれど見えないそれは、生まれたての現象であり、また同時に、極まって向こうに還ろうとしているものを、見ているのかもしれません。

始まりはハジマリです。ハジマリというマリ、粒子ですから、とても小さな粒子となって発生し、キワマリ、消滅していくのですね。

私たちが亡くなったとき、体から大量の光子・フォトンが飛び出すのだと聞いたことがあります。私たちの肉体は、「カ・ㇳ」というエネルギーで満たされていますから、カタカムナ的にはとっても納得するお話でした。それは、どれほど美しいのだろうかと想像を逞しくしてしまいますが、光子＝「カ」であるかと言われたら、それは、決して同じものではないような気がします。

「カ」とは、純粋なカムの方向に存在し、何の意思ももたずに流れ続けているエネルギーのようなモノであると私は認識しています。エネルギーの状態にあるものは、エネルギーのチカラの強弱により状態は変化します。

先ほど、生命の力である生命力と言ってもいいでしょうとお伝えしましたが、それは一定のものではなく、「カ」のエネルギー状態の変化により生命力は強まり、逆に弱めていくのです。つまり、私たちは、この「カ・ㇳ」によって生かされていることになります。

「おかげさま」という言葉がありますが、本当のおかげさまは、「カ・ト゜」に対する表現であり、おかげさまという言葉を初めて使った人は、この「カ・ト゜」を感じていたのです。

また、チカラという漢字も、「カ」というカタカナと同じ文字を使います。これらのことから、カムの世界は、チカラというエネルギーが渦巻いている世界だとわかります。

例えばそれはどんなチカラかというと、大きく太陽を動かし、地球を回し、さまざまな惑星を生み出し、地球の上に棲む動植物たちがみんなで協力しあって地球を止めようと思っても決して止まらない、そんな巨大なチカラのことをカムとし、カは潜象の世界に満ち満ちているのです。

古代の人たちはこれがすべての元で、そして、この元に対して畏怖の念を抱き、ときには鎮め、ときには活性し、さまざまな自然の中でこの「カ・ト゜」を感受してきました。

天災というものは間違いなく、現象世界と潜象世界の「カ」のバランスが崩れているのを、元に戻そうとして起きているものだと捉えられます。肉体に視点を変えても、「カ・ト゜」が滞ることが病であり、「カ・ト゜」が体の中に発生しなくなることが死と考えられます。

また、体の中だけではなく、空間中にもこの「カ・十」は存在します。空間中に活性力がなくなることは、「カ・十」が発生していないということになります。

例えば、その場にチカラを感じられなくなった古代人は急遽、家をたたみ謎の消滅をしています。突然、その場に生活の跡がなくなってしまったことをアカデミズムは謎にしていますが、カタカムナ的な捉え方からすると、場に「カ・十」の存在が希薄になってきたことを感じて、移動したと考えられます。

場のチカラが希薄になってきたので、さっさと濃厚な場所に移動したというようなことではなく、その場が活性のリズムを取り戻し、豊かなエネルギーを取り戻すために、古代人たちは別の場所に移動したのです。

学会誌には、「カ・十」というものは人間が感知することはない、と言い切っていますが、同時にこんなエピソードも掲載されています。

あるとき、楢崎皐月さんは宇野多美恵さんに、『「カ・十』というものを、カタカムナ人は本当に感じることも、見ることも、聞くこともできなかったのだろうか」と尋ねられました。

それに対し、宇野さんは、『カ・十』という記号が存在するということは、カタカムナ人は、「カ・」を感じていたのではないでしょうか」と答えられたそうです。

私もそう感じます。

「カ・」というものを感じなければ、「カ・」という記号は作れません。彼らはその見えない、感じることのない、聞くことも味わうこともないとされているものを確かに感じ、「カ・」という記号に託したのです。

日本語には「カ」と付く言葉がいちばん多く、辞書の「カ」は他の文字より多くのページを割いています。このように、日本人は、「カ・」を感じることが多かったように思います。おかげさま、感謝、神、火山、雷、などの言葉には、見えない「カ・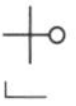」がたくさん含まれているのだと思います。

「ヒ・」見えない現象世界のハジマリ

そして、この「カ・」が、マワリテメグルで一回りしたら、一段階ステップアップして、「ヒ・」という音に変遷していきます。

見えない世界に充満している「カ・」が少しだけ現象よりに、つまり、見えない現象として現象世界に顔を見せた瞬間に、「カ・」から「ヒ・」へと、音も、記号の形も変えていくのです。出世魚のように、同じものが成長すると名前を変えるのです。

このようにカタカムナは、常に変遷し続けている世界を、さまざまな音の移り変わりで示しています。

よく見ると、「カ・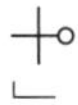」と、「ヒ・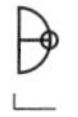」は、小円の位置が同じです。どちらも始まりの位置に小円が付いています。

これは、見えない潜象世界での始まりが、「カ・」、そして、見えない現象世界での始まりが、「ヒ・」ということを表しています。

カタカムナでは、これを相が違う、「位相差」があると言っています。

相は大まかに四つあり、すべての音は、その四つの相の中に、それぞれはまりこんでいきます。相が同じものは、例えば、「カ・」と「チ・」のように小円の位置がズレるだけで、ほぼ形は同じです。

よく見ると、「ア・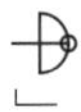」もと同じ位置に小円が付いています。潜象世界に満ち

満ちている「カ・」は、一巡することで、「ヒ・」という見えない現象になり、もう一巡して、次の相、見える現象になると、「ア・」という音と形に変遷していきます。

ですから、「ア・」は、現象のモノへの始まりとなります。同じ位置に小円がある「カ・」と、「ヒ・」と、「ア・」は、位相差を生みながらどんどん見えない潜象物から見える現象物へと変遷していく姿を示しているのです。

「ア・」という見えるカタになったとき、そのカタの中にすでにカムナはちゃんと存在しています。

カムナはいつ誕生したかというと、「ヒ・」の根拠という誕生であり、また潜象では、「カ・」のまとまりということにもなります。

簡単にいうと、カがまとまり、ヒになったとき、ヒというミナカにはカのまとまりが存在します。そして、ヒがまとまり、アになったとき、そのミナカには、ヒのまとまりでできたカムナが誕生します。

ですから、物質のミナカには、いつも「ヒ・」がカムナとして存在し、すべてを統合しています。

魂・タマシヒとは、物質の中にあるハジマリ「ヒ・」のことを伝えている言葉

です。現象の肉体は見えていますが、今なおそれを現象にしているのはタマの示しは「ヒ」、潜象のヒですよと教えてくれる言葉です。

この「ヒ」がマワリテメグリし、「ヒ」が「必要・**ヒ**ツヨウ」なものを「引き付け・**ヒ**キツケ」そして、エネルギーを「集め・**ア**ツメ」「ア・」という、塊《かたま》りになります。

塊りも「カタのマリ」ですね。よく見ると魂・塊、両方とも鬼がつきます。鬼が言う響きが「ヒ・」であり、鬼が土になる現象物が「ア・」です。鬼が放った音が土に作用をし、塊りを作るのです。

現象というものは必ず、その前段階に作り上げた元、つまりこの場合「ヒ・」が引き付けてくるもので生まれます。つまり、元の部分が次の段階を作ります。

このことから、「ヒ・」は始まりであり、根拠、根っこの拠《よ》り所です。「三つ子の魂百まで」と言いますが、それは、その頃に作り上げた自分という元が働き続け、今なお自分を作り上げていることの表れです。その頃、どんな環境の中で育ったのか、どんな状況下にいたのか、そんなことを知ることで、今、ついつい自分が選択している現象の根拠、なぜそうしてしまうのかがわかります。

心理セラピーなどを受けると、小さな頃どんな環境の中にいたのかを必ず聞かれます。それは、その頃に元が生まれ、それがミナカのヌシとして働き、その元の型によって、今というカタを知らず知らずのうちに引き受けてしまうのです。

個々の人が作り上げた現象の型を知ることで、必ず、起きることは変わっていきます。つまり、意識はカタ・カム・ナでセットされていますから、カムナの型を知ることで、現象や内面が変遷していきます。

なぜなら、それが根拠となって今が発動しているわけだからです。そのことを知ることで、大きな変遷力が生まれるのです。


タマシヒ、潜象から生まれ出た私たちを形作っている粒子たちの中心核には、向こうとの結び目、ミナカのヌシがあります。これを楢崎皐月氏は、「細胞核・原子核」と捉えていたことはすでにお話ししました。

肉体を作っている細胞の数々、もっと細かく見ると、細胞の一つ一つを形成している原子の中にある原子核、これを「ミナカヌシ」とし、カムナと捉えました。これは、細胞の原子核一つ一つが、潜象の世界とつながり合っていることを言います。

初めてこの部分を読んだときかなり驚き、そして潜象の世界がどこか遠いところにあるのではなく、はっきりと捉えられるものとして自分の中に落とし込めたことを記憶しています。「なあんだ、そうだったか」です。

原子核が潜象とつながり、今なお、生きるというエネルギーを送り込んでいる。目を瞑《つむ》り、大きく息を吸い込むことで、今までは気にしていなかった原子核が大きく動くのを、その頃から感じるようになりました。

さらには、原子核は、この世界にあるものすべてのものがもっています。鳥や虫、木々や、太陽でさえ、いちばん細かなものは原子です。ですから、すべてのものの中にある原子で私たちはつながり合えるように感じたのです。

植物や動物と話ができる人は、自分の内なるカムナとつながり合って話をしているのだと理解しました。古代人はこの感覚で生きていたのだと思います。

コンクリートで大地を覆ってしまうことで大地のカムナが遠ざかります。人間は合理的で便利になることを優先して、大事な部分をどんどん忘れていったのでしょう。

ただし、忘れているだけで、なくしたわけではありません。今、それを思い出すために、「カタカムナ」が世の中に生まれているのですから。

さて、化学では原子の核子は、存在が確認されたわけではなく、たぶんこんなものがあるのだろうなと想定している状態です。

が、カタカムナは、核子のことを「ウキフヌ」、核子の質量のことを「オモタル」、原子のことを「マカハコクニ」と、ウタヒの中で伝えています。ウキフヌとは、浮いている二つのものという意味ですが、それは見えないとしています。

今では、本当に、電子雲という雲のようになっている電子が膜のように覆っている内側に、陽子と中性子という二種類のものが浮いていることを化学は示しています。古代の人々は、今よりもずっと性能のいい顕微鏡を自分の中にもっていたことになります。

いちばん軽い水素原子には中性子がないとされているため、もしかしたら古代人は、水素原子は原子と捉えていなかったのかもしれないし、もしかしたら中性子はないけれど、別の何かが存在しているのを感受していたのかもしれません。このように現代の量子力学や物理学に匹敵するものが、カタカムナには存在しています。

カタカムナはウタヒの中で、そのミナカの部分は「ミスマルノタマ」であり、「アマノミナカヌシ」という穴であるとしています。「アマノミナカヌシ」とは、「アマナ」という「カムナ」とペア性をもった存在だとしています。

カムナの次はアマナが出てきました。カムナとアマナは同じもので、見ている視点が違うとされていますが、それだけではなく、何か少し違うような気がしています。カタカムナとは、カタの中にあるカムナです。であれば、アマナとは、カタの中のアマナという捉え方があるのではないかと思うのです。

アマとは、あらゆるマと言われます。

「ア」は現象物
「マ」は潜象と現象が混じり合いながら存在している世界

つまり、アマとはすべての現象物の中に存在する「アマ」の部分ということになります。漢字にすると天・海・尼・雨・甘・女などが思い浮かびます。尼という漢字には「ヒ」が入っていますね。漢字で示されているこれらのものには何となく、現象物ではあるものの見えない世界に近いような気がします。アマとはそんな類のものであるのでしょう。

カタカムナという言葉は、「現象カタの中にあるカムナ」でした。そうすると、アマナという言葉から連想できるのは、「見えない現象カタの中にあるアマナ」ということになるかと思います。

例えば、空間中にある空気の原子核、雨粒として空から落ちてくる水の中にある原子核、宇宙を取り巻いているダークマターの中にある原子核のようなもの、その原子核の部分もすべて、アマナを通して潜象とつながり生存していると感じます。

アマナは「穴」であると言いました。アマナと穴は同じ記号になります。同じ記号のものは、音が違っても同じ性質をもつとされていますから、確かに、アマナは穴なのです。原子核は穴であり、その穴から潜象のエネルギーが届いている。そして、そのエネルギーですべてのものは生まれ消滅しているということがわかってきました。

穴というと、ピンとくるのが「ブラックホール」です。そうすると、ブラックホールの向こう側も潜象ということがいえるかもしれません。ブラックホールのようなとてつもないエネルギーをもったものが、私たちの細胞の中心に存在しているとしたらどうでしょう。人間の細胞は今や三十兆個だとされていますが、三十兆個のブラックホールを携えたのが私たち一個体と言えるのかもしれません。

それが、動的均衡（動きながらバランスを取り続けている）を保ち、バランスが崩れたら、何かの刺激を受けてバランスを取る方向へ上手に傾きを調節しているわけです。

これが、地球や太陽、宇宙までもが、そのような仕組みで動いているのだとカタカムナでは伝えています。

イキッチノワとは動的平衡

数年前、ある本屋で『ナチュラリスト』という文庫本を見かけ、何となく手に取りました。福岡伸一さんの著作です。当時、私は福岡さんのことを存じ上げなかったのですが、たまたま手にしたこの著作の帯に書かれていた「今を生きるという経験のセンスオブワンダー」という言葉に雷に打たれたようになり、本屋で立ち読みを始めました。目次を見て、「時間軸を知るための近道」という見出しが気になり、読み始めたら、内容はどうでも確かに、今を生きるセンスオブワンダーが動き出し、読んでいる時間分、自分の意識がどこか違う場所にお邪魔している感覚が生まれました。もちろん買い求め、家でゆっくり読ませていただいて、初めてまったく違う入口のカタカムナ理論であることを確認しました。

カタカムナという特別な窓口でなくとも、同じようなことを現象的に見られている方がいることを知り、結果、カタカムナは日常生活に溢れている、ありふれたことなのだと改めて感じました。

カタカムナでは、三十兆個の細胞の中にあるミナカヌシは、全体的に同時に動いている。これを「イキツチノワ」と言っています。塊りのところでお話ししたように、彼らは現象世界に躍り出したものを「ツチ」（カタカムナ記号で示されているツチの意味は、現れ出続ける）と言っているので、土というsoilが、地球を覆う膜のように地球を枠で結んでいることから、現象物の最初のものとして、「土」と呼んだように思います。英語もまた土というsoilと、魂というsoulが似たような発声なのは、興味深いことです。

話を戻して、「イキツチノワ」というものは、三十兆個の細胞が、それぞれ別々のモノでありながら、全体的に関係を保ち、一個体として調和的に存在していることを説明する言葉であり、福岡さんはこれを「動的平衡」とされています。

私がカタカムナの先生に初めて聞いたのは「動的均衡」という言葉でした。同じことなのだと思います。この世界にはとどまっているものなど何一つとしてない。すべてはバランスで動いているのだというそれが「イキツチノワ」です。

あるお話し会で、「自分なんてものはないのだ。この時代、自分探しをされている人が多くいるけれど、ないものを探すから、探し続けなければならなくなる」と言われているのを聞いて、それが、動的均衡というものが表現している現象なのだと感じました。つまり、「穴」が核の部分で、自分自身であるとしたら、自分なんてものは穴であり、穴のあいた空なものを探していることになります。

カタカムナでは、「トコタチ」という大切なサトリがあります。わかりやすくいうと、拡大して広がっていくことと、マトマリ収縮することが同時に起きていることを表している言葉です。拡大していくことは、なくなっていくこと。どんどん広がり果てては何もなかったように崩壊していくことと、広がったものをまとめ上げ創造することの収縮、この二つの動作が同時に起きていることを動的均衡とか、動的平衡といっていいます。作り上げ、崩壊しているその現場は、つまり何もない「無」であり「穴」の状態であると、カタカムナは伝えています。

創造は、破壊があるからこそ生まれるものです。何かがそこにあり続けるならば、新しいものは生まれないということになります。破壊こそが再生の神であるという意味で、破壊と再生の神、シヴァが神様になるのです。わざわざ破壊しなくても、破壊という拡大はいつも絶えず私たちの体の中でも起きています。

自分のことを「自分らしさ」として固めた瞬間に、そうではない自分が生まれます。

つまり、自分というものなど何もない。故に、変わり続けるものとして自由におおらかに生きていけばいいと思うのです。

塊りになった部分の細胞を、自然な仕組みで分解しながらまた新しい細胞に作り変える仕組みが、現象という世界に存在していることを、動的均衡といっています。それは、肉体だけではなく、すべてのモノに当てはまる仕組みであることは、これまでに何度もお伝えしてきましたから、もうおわかりいただけると思います。

変わり続けているものが、この世界の本当の姿です。つまり、自分なんて確定されたものはなく、原子核のミナカに存在する穴であると言われると、まったくその通りだと納得します。

素早く変わり続けているので、そこには何もないかのように見えますが、実は、カムという潜象のエネルギーが溢れ、固めている自分を破壊し、また作り続けているのです。そして作り続けて固めた部分を壊し、変遷し続けているということが、真の自分の姿だということになります。30兆個の細胞が全体として動いていることをイキツチノワと言います。

何かを手放したり、ネガティブだと思い込むことは、逆に自分を固め、変わらない自分にしてしまうことにもなります。カタカムナは、これまで私の中に作り上げてきた精神世界の思考のセオリーを、静かに少しずつ変遷させていきました。

第4章

カタカムナウタヒの仕組み

八十のウタヒと、四十八音

前述の楢崎皐月さんが残されたカタカムナウタヒは、銀河の渦巻きを模したような構図が八十個残されています。

この不思議な記号が渦巻き模様で描かれている、それだけが、カタカムナの世界のすべてです。

とても短いウタから、なかなか覚えられない長いウタまでさまざまです。また、これらはウタですから、テンポのいい、リズミカルなコトバで綴《つづ》られていきます。

八十のウタヒと呼ばれる図柄がいったい何を示しているのか、何を言わんとしているのか、これまで多くの方が語り続けてきました。

次ページにあるのは第一首ですが、実はこのウタヒはある構造を示しています。

ですから、言葉で残すことはできなかったのではないかと思います。電気の配線や、原子が結合している様を言葉で表そうとするとかなり難しく、もしかしたら誤解して

第一首

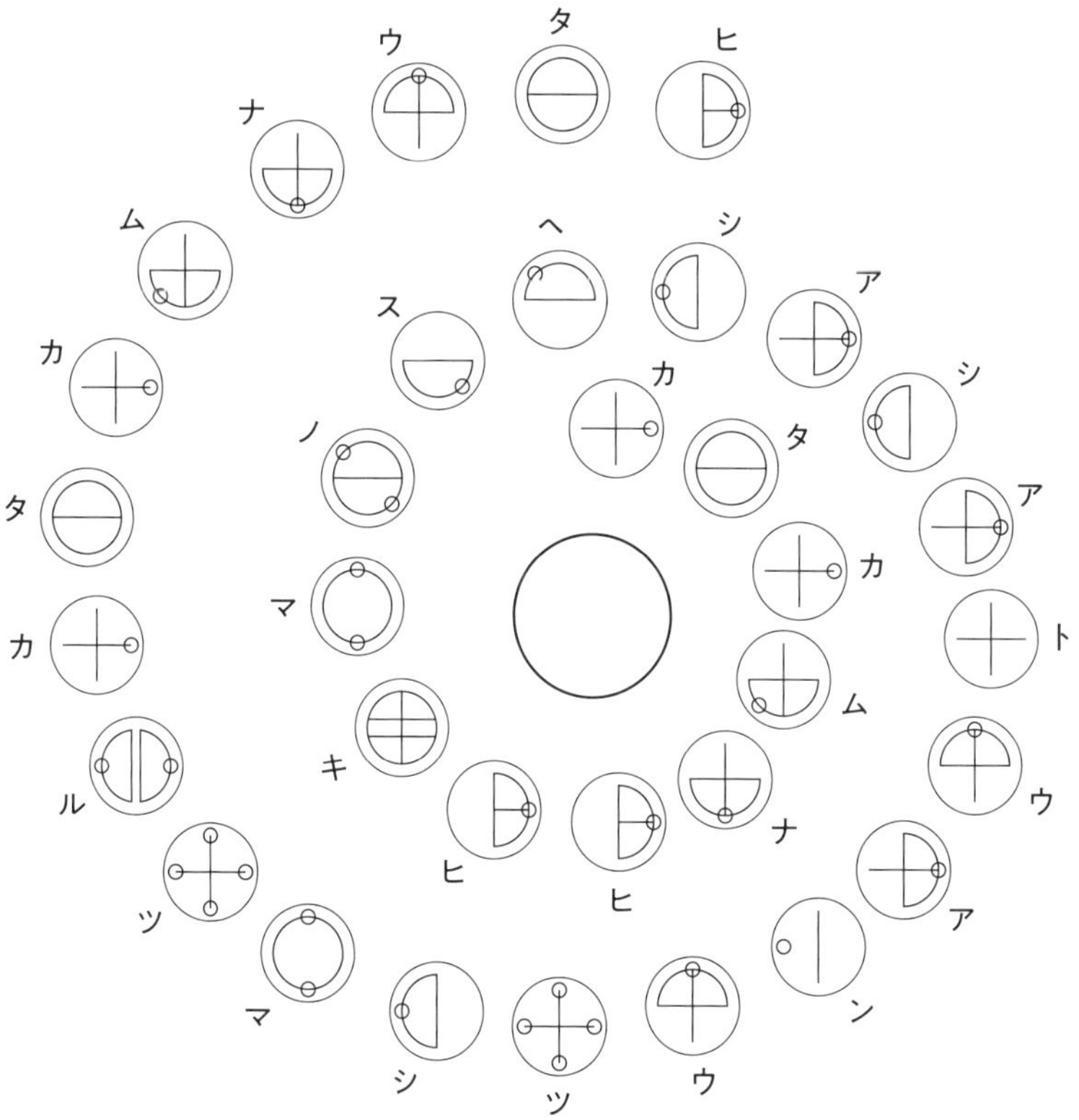

伝わってしまうこともあるかもしれません。

ところが、百聞は一見にしかず。絵にして見せられたら、言葉にならないコトバを感じることができます。しかもそれは調子のいいウタとして次の時代へと受け継がれてきました。


ウタヒをよく見ると、その記号に何種類かあることに気づきます。

外側を大きな大円で囲まれているモノ、声の音符　**声音符**
囲まれることなくいくつかの小円が付されている記号　**図象符**
中心に置かれている記号　**中心図象**

ウタヒの構造も、声音符と図象符、そして中心図象と、三種類からできています。

また、さらによくよく見てみると、八十個のウタヒの真ん中にそれぞれ置かれている中心図象も、三種類しか存在しないことがわかります。

カタカムナの根本原理である、三、ミ・というシステムが、ここにもあることを感じます。

ここからは、この三のシステムでウタヒ全体を捉えてみましょう。

第一首は、声の音符である、声音符ばかりで記されています。ですから、すべての記号が大円で囲まれています。

第二首には最後の記号が、第三首には七つ目の記号には、外側に大円がありません。大円に囲まれた記号ばかりが並んでいたウタヒは、首が進むとだんだん声音符に囲みのない図象符が混じり、さらには図象符ばかりが並んだウタヒになっていきます。

が、このまま、図象符のみのウタヒが最後まで続くかと思えば、また声音符ばかりになり、声音符に図象符が混じり、図象符ばかりのウタへと変遷していきます。

つまり、声音符のみ、声音符＋図象符、図象符のみ、というこの三つのパターンが、三回繰り返されて八十のウタヒが作られています。まるで現象とつなぎ目と潜象を示しているようです。

一つ一つのウタも、文学的に前から連ねて読んでいては、まったく意味の取れないウタがたくさんあります。このウタは、文学的なウタではなく、構造をもったカタチであるため、その構造が読み取れないとウタの内容もわからないようにできているのです。

例えば、ヤタノカカミ　カタカムナカミ　という第二首も構造です。

第二首は、ある意味、カタカムナの根底を成すとても大切なサトリを表すウタヒで、数少ない言葉で二つの渦が重なり合ったこの世界のありかたを示しています。

ヤタノカという エネルギーは、時計と反対回りで生まれます。カタカムナはそれを受け取りながら、それとは逆のマワリになっているという構造を示しています。この二つの神はタカミムスヒと、カムミムスヒに相似形です。この二つの神のありかたが、この世を生む構造を示していることになります。

カタカムナの構造をお伝えするために、まずは、カタカムナウタヒを構成しているパーツからお話ししましょう。

まずは、四十八個ある声の音符、声音符から始めたいと思います。

声の音・声音符

カタカムナウタヒの八十の絵には、図象というものが数個から数十個渦巻きのように並べて描かれていることはお伝えしました。楢崎皐月さんが平十字に見せられた巻物は、どうも江戸時代の頃の和紙に描かれた巻物だったようで、「まるで空の星団を思わせる美しいものだった」と学会誌に記されています。種類としては図象字・エカタナという古代文字の中ではもっとも古いモノと分類されています。

江戸時代後期の国学者で神道家の平田篤胤《あったね》は、「御国の文字を加奈・カナといふは、加牟奈《かむな》・カムナの略なり。加牟奈を漢字にするときは神字《かんじ》と書くべし」と言っています。

現在「神字」と漢字で書いて、これを「カムナ」と読める人はそういないような気がします。秘匿《ひとく》されてきたと言われていますが、コトバとして、厳然と江戸末期には存在したのですね。そして、現代「カムナ」というコトバは文字通り見えなくなってしまいました。その消息は、神字→カンジ→漢字へと変遷してきました。

さて、声の音符を「声音符・セイオンフ」と言っています。日本人が発声する音を記号化したものですが、これは驚くことに、先に「サトリ」、つまり「現象」があり、その現象を見て声の音を作ったというのです。

例えば、太陽が昇るところを見て、「アカ」が「リ」と、太陽が沈むところを見て「イ」が「リ」したと。東を「アガリ」、西を「イリ」としている地域は今も存在しています。沖縄です。

沖縄の与那国島には、東崎と書いてアガリザキ、西崎と書いてイリザキという場所があります。本島にも東御回り（あがりうまーい）という巡礼の道が存在しています。

このように、現象を見て、言葉ができたという日本語は、日本語の音の中に、現象を立ち上げる構造をもっているということになります。これが、言霊思想となり、祝詞《のりと》やお経、呪文や、お囃子《はやし》、田植え唄や、盆唄、手毬唄や童謡に展開していったのだと思います。

八十のウタヒと呼ばれる渦巻図象の中の五番目と六番目のウタには、四十八ある声音符すべてが出てきます（172ページ参照）。

第五首　ヒフミヨイ　マワリテメクル　ムナヤコト　アウノスヘシレ　カタチサキ

第六首　ソラニモロケセ　ユヱヌオヲ　ハエツヰネホン　カタカムナ

例えていうなら、よく知っている「あいうえお　かきくけこ　さしすせそ　……」

の五十音のように、すべての声の音符が並んでいるのが、カタカムナの五首と六首のウタです。

ヒトツヒトツの音に仕組みが存在しているため、その音の並びは意味をもって並んでいます。ヒフミヨイ……と順に、宇宙の万物万象の生命の発生・変遷・分化・還元という順番を正確に表しています。

この並び方で、カタとカムがムスヒし、生命が発生し、遷《うつ》り変わり、さまざまなモノに枝分かれし、また、元の世界へと還っていく生々流転の流れを表しているのです。つまり、ここではこの世界のあり様を「コトワリ」として伝えています。

また、この声音符は、平面ではなく立体構造になっています。反対側の世界、つまり反の世界の立体構造性も併せもって記されていますから、一方方向でモノを捉えている私たちには、最初から全体像がなかなか捉えにくいのですが、図象を長い時間をかけて見ていると、だんだん双方向性、つまり正という現象世界と、それとは反対側の潜象世界の両方向で記されていることがわかってきます。

私が何よりカタカムナに惹かれたのは、この声音符という記号です。図象と呼ばれているこれらに意味もなく惹かれ、この図象が何を示しているのかを納得したいと思うようになりました。

じっと見ていると、それぞれの部分で声音符同士がつながり合っているのがわかってきました。何か意味をなしてつながり合っている、とわかった頃から、カタカムナが難解ではなくなってきました。

この図象は縦線・横線・大円・半円・四半円・小円という、たった六種類でできています。そして、この六種類にはそれぞれに法則があるのではないかと思い始めました。

言葉同士がつながり合っているなんてことはこれまで思いもしませんでした。音に意味があり、基定されたその意味を知ることで、この世のすべてがわかるといわれ、覚えてはみました。例えば音の意味を並べて「コトバ・転がり出たものが統合し引き合う」という説明になり、はて、それはまたどういう意味だろうと思いました。

けれど、四十八個の記号がある法則でつながり合い、関わり合っていると知ったときには、心が沸き立ちました。言葉の法則を知ることで、関連性がわかると、暗記しなくても、体が、心が、この声音符という記号をウツシ・理解させてくれるようになったのです。

縦線はカムウツシ線で、刻々に変わる潜象系のモノの関わり、つまり、トキの存在であり、生命力を示しています。

横線はアマウツシ線で、生命物質が持続すること、つまり、あり続けるという存在力。それは、トコロであり、肉体を示しています。

縦と横が交差する十字象は、潜象と現象の絶え間ない重なり合いにより、宇宙のすべてが発生していることを伝える中心的記号です。これこそ、千曳の岩、結び目の法則《コトワリ》です。

そして、大円◯は、現象界の枠、つまり、現象に出ていることを示しています。現象といっても、見えない現象も含めての現象です。カムという潜象から発生しているすべてのモノを大円という枠でムスヒしているのです。大円というものがあることでも、現象と潜象を分けています。

また、大円は半球ずつの正反構造をもっています。どこから見ても丸に見えるものは、背景に必ずもう反面の丸が存在するからです。見えない半円が必ずあるのが大円なのです。

左側から見たら右側は見えませんし、上側から見たら下側は見えません。大円がせり出すのが半円です。現象には必ず、見えない半分が存在していることを教えています。

半円は、正反の対称性の表れ、大円が生まれることで現れる半円です。左・右、上・下と分かれていますが、どれも対称性があること、ペアであることを示していま す。

カタカムナの半円は、いつも見ている側から、見えない側を意識させるために存在しています。春になったら秋を、夏になったら冬が存在することを意識するように、生まれたときから死を意識するように、現象である私たちは、いつも見えている側から見えないモノを感じ続けていきます。それが変遷、変わり続けるという元です。

四半円は大円が四分割され、窮屈になったものは動き回ります。あるいは、小さくなったものは巡り続けます。つまり、現象系に出たモノの密度が狭くなることで状態が変化していることを示しているのです。

例えば、広い部屋に数人しかいないときには、ゆったりとしていて密度は高くありません。自由であり、部屋自体に変化はありません。けれど、狭い部屋になると同じ人数であっても詰め込まれた感があり、密度は高まり、部屋自体が膨張し、熱を帯び、状態に変化が見られます。このように、四分割された四半円は、非常に密度が高くなることで、次々に状態が変わっていくことを示しています。

四十八音の中で四半円のモノは五つしか存在しません。

・ユ　・エ　・ヌ　・オ　・ヲです。

第六首のウタの中で、この五つは順番に出てきます。その順番のまま並べてみると、小円の位置が時計回りに進んでいるように見えます。

・ユ　お湯が沸くように湧き出し
・エ　増殖し枝分かれしていき
・ヌ　潜態して、見えなくなって
・オ　奥へと、先へと構造を作り
・ヲ　立体化する。発生する

発生するときには、この狭くて高密度の部分を経てこの世にやってきます。赤ちゃんが産まれてくるときをイメージすると、なんとなく受け取れるかと思います。私たちが、存在する現象世界に来るときには、必ず隠《こも》る、潜態する、そこで明らかになる

まで待つことを教えてくれています。

種も、赤ちゃんも、もしかしたら、今あなたが手掛けているプロジェクトでさえ、少しの間、隠るか、醸すことで、さらなる飛躍を生むものが発生するのかもしれません。


そして、小円です。小円は、カムの世界に散らばっている「カ・」が、回転することで偏りができ、固まった部分を示しています。カタカムナでは、この小円を「コロ」といい、凝り固まったものであるということを伝えています。

また、大円に貫通する小円の位置で、この世の八つの仕組みを示しています。「ヒ・」の位置には「ヒ・」の位置の、「ヤ・」の位置には「ヤ・」の位置の、仕組みが存在しています。

そして潜象に帰還したものは、カムの中へと分散されて小円はなくなってしまいます。ですから、小円の示す位置には大きな意味がありますし、また、小円がないということにも大きな意味が存在します。


これまで見てきたように、声音符には、縦線・横線・大円・半円・四半円・十字・

小円と、七つのものが表す仕組みが存在しています。

これらの組み合わせ、または小円の位置によって、個々の声音符には、基底思念という意味が示されています。そして一つの思念は、他の四十七の思念と関連性をもって成り立っています。

その中でも関連性の高い声音符同士には、共通の位置に小円を持たせたり、共通の左右、上下の半円を持たせたり、同じ縦線、横線をつけたりしています。例えば、共通の小円の位置の法則でいうと、カ・　ヒ・　ア・は、同じ位置に小円がある仲間です。

また、半円で言えば、ク・　ソ・は、同じ右半円の仲間です。

縦線、横線で言えば、モ・　ハ・は、同じ横線の仲間です。

このように声音符は、それぞれのパーツがもっている法則《コトワリ》によって、基底思念が決められています。

図象符

そしてカタカムナにはもう一つの記号、「図象符」というものがあります。これは、声音符を組み合わせてコトバを作ります。

例えば、ヒカリであれば、声音符の、ヒ・ カ・ リ・ をヒトツにします。

その方法としては、通称、丸十《マルジュウ》 の中へと、声音符についている小円をウツシしていきます。

ヒ・ カ・ リ・ は、それぞれの声音符がもっている小円の位置をそのまま、丸十《マルジュウ》 に移してやると、 という記号になります。

この記号を図象符と言っています。特別なのは、二本線をもっている声音符は一本の線にまとめてしまう法則です。

サ・ も、キ・ も、ヰ・ も、 という図象になります。

また、縦線しかないものは縦線のみ、横線しかないものは横線のみで記されています。

例えば、

マ・リ・なら、と、縦線のみ

タ・マ・なら、と、横線のみになります。

これが、図象符の作り方です。ここには深い意味が存在します。

基本図象符の丸十とは、現象界に出ている大円と、その大円の中に十字を入れた図象です。

十字とは、「ト」を示す声音符でした。つまり、現象と潜象の絶え間ない統合・重なり合いにより、宇宙のすべてが発生しているので、丸十という図象は、現象界という世界観をその記号に織り込んでいます。

その、丸十の中に、小円をウツシしていくということは、小円の示す位置の仕組みが重なり、現象としてはどんな状態になっているのかを正確に捉えられるものになります。

したがって、声音符が現象化したらどうなっているのかを示している記号が、図象符です。

また、同じ図象になるモノは、同じ基底思念が存在することを伝えています。

先ほどの例でいくと、

は、

という図象符になりますが、それは、

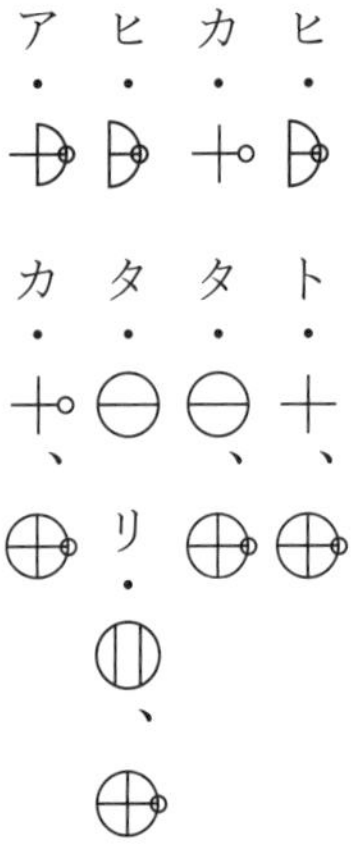

などと、すべて同じ図象になります。同じですから、これらの言葉がもつている世界はつながり合っていることを示しています。これは、日本語の漢字と相似形です。

先ほどの「ヒカリ」を重ね合わせて表明すると、「光」という漢字になります。「光」は「ミツ」とも読み「コウ」とも読むことができます。

ヒカリ・ミツ・コウ、この言葉には共通した「何か」が存在しています。何か、開かれていくような、何か、生まれているような、何か、満たされているような、そんなものを感じませんか。

同様に、カタカムナの図象も、ヒカリ・ヒト・カタ・ヒタリ・アカというものは、同じ何かを背景にもっています。

それが、という図象で示されています。

小円の位置はハジマリを表している位置です。光、人、型・片・形、左、赤、それぞれ、さまざまな始まりが存在していることを示している図象です。

宇宙銀河のお正月は春分だと言われます。時空間のことを暦にウツシして伝えられている、杉山開知さんの「地球暦」は春分から始まります。

春分は、ゼロ度、この位置に位置しています。

トキトコロがこの位置でムスヒされ、ここからスタートします。

この、トキトコロは、角度です。この度、今度、度々、急度《きっと》、支度、速度、年度、というように。

ですから、この位置がハジマリを示しているのは、カタカムナの「ヒ」始まりと、相似形になっています。

このように図象にすることで、図象がもつ仕組み（コトワリ）がわかります。

四十八音を感受し、コトバにしたカタカムナ人はその後、それだけでは足りない自然界、天然界のあり様を、声音符を重ね合わせることで創り上げていきます。

ヒトツヒトツの声音符で、モノゴトの本質をつかんだ後、それらを図象符にすることで、その元にある「モトカタ」を伝えることができます。ヒカリもヒトもヒタリもアカもハジマリであると示したように。

そこには、絶対的な整合性があります。これはそうだけど、これは例外というものはカタカムナの中には存在しません。変遷し、変わっていくということが、変わらないように、自然界・天然界の元は、絶対的に統一された世界です。

声音符を見てコトバが示しているモノを知り、図象符にして、そのコトバの仕組み（コトワリ）を知ると、カタカムナ人がどれほど、精緻にこれらを遺したのか、感動というよりも驚異的で、畏れさえ感じます。

それは、彼らが独自で創り上げたモノではなく、自然界・天然界と彼らが相似形で存在して生きていたために起きたことです。彼らはあるがまま、素直に、天然自然の媒体となってそのままを感受し、それを記号にしたからにほかなりません。

相似象学会誌十二号　二十八ページに、こう書かれています。

「エネルギー変換のような自然さで、カタカムナ人の脳は、宇宙に存在するあらゆる現象・潜象の状態を脳に抽象して分類し、四十八のコトバにウツシ、その言葉を図象にうつす方法を開発した」

そして、これは、化学の元素とも相似象だとも書かれています。

例えば水（H²O）の元素は、Hという水素と、Oという酸素が組み合わさって水になっています。元素が声音符であるなら、水という現象は図象符ということになります。

声音符が元となり、それらが組み合わさることで現象は起きる。
祝詞が元の音を発声し、それらの音が重なり合うことで現象は発生する。
発声すると、発生するは、漢字は違えど、音は同じになる。

声音符と図象符は、このような見事な関係性で存在しています。すべてが関連しあって、重なり合い、変遷していきます。図象符や声音符にも、その仕組みが存在しているのです。

三つの中心図象

ここからは図象という言葉を使いますが、それはこれまでお話ししてきた「記号」とイコールだと思っていただいてかまいません。図象にはたくさんの情報が込められていて、それを見るだけで私たちの脳は働き、そこに存在する情報を読み取ろうとするモノです。

第一首　カタカムナ　ヒビキ　マノスベシ　アシアトウアン　ウツシマツル　カタカムナウタヒ
第二首　ヤタノカカミ　カタカムナカミ
第三首　フトタマノミ　ミコト　フトマニ　ニ

カタカムナの大切なサトリは、最初の三つのウタで端的に述べられています。その証として、カタカムナの中心図象の三種類はハジマリの三つのウタの真ん中に順番に示されています。

最初のウタヒの真ん中にはミクマリ。
二首目にはヤタノカカミ。
そして、三首目にはフトマニ。

この三つの構造の働きがこの世界を生み出し、持続し続けているといっても過言ではありません。この三つのサトリがわかれば、カタカムナのほぼ大半は認識できたということになります。ここでは、このカタカムナのとても大切な三つの働きをお伝えします。

簡単に言えば、第一首のウタは、この世の中は潜象と現象という二つの世界の共振振動によって生まれていることを伝えています。

そして第二首は、その二つの世界が向き合うことで、すべてを生み出し続けていることを伝えています。

そして第三首は、その異質な二つの正反する世界が重なることで、どんな状況を生んでいるのかということを説明しています。

これをカタカムナ用語にすると、共振発生、互換重合、対向発生という言葉になります。これでは何をいってるのかわかりませんね。この難しい言葉を端的に表しているのが三つの中心図象であり、三つのウタです。

では、三つの図象を一つずつ見ていきましょう。

ミクマリ図象 

カタカムナ図象 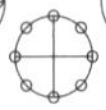

フトマニ図象 

中心図象というだけに、三つの図象はすべてのウタヒの真ん中に置かれています。中心に置くことで、八十のウタヒを三種類のカテゴリーに分類分けしていると考えられます。

また、周りにつながっている記号が、中心図象の意味を説明しているとも考えられます。では、三種類の中心図象が表しているモノが何なのかについて、早速お話を進めていきたいと思います。

ミクマリ図象

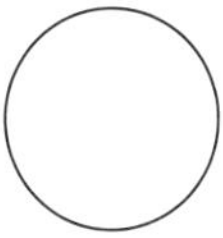

第一首のウタヒの中心図象をミクマリ図象といいます。

八十のウタヒの最初に出てくる図象です。

この図象は、第一首、

「カタカムナ　ヒヒキ　マノスヘシ　アシアトウアン　ウツシマツル　カタカムナウタヒ」

と、第十五首、

「アワナギアワナミツラナギナミ　アヤミクマリ　クニノミクマリ　アメノクヒサモチ　クニノクヒサモチ　シナツヒコ　ククノチ　オホヤマツミ　ヌツチカヤヌヒメ」

この二つのウタヒの中心にしか置かれていません。

ミクマリ図象は、声音符の「ワ・◯」と同じ図象になります。何もないように見える「ワ・◯」の中で、潜象と現象が融け込んでいて一体化していることを示しています。

私たちの生命や宇宙の銀河を含めて、この世に存在しているすべてのモノは、このミクマリから発生したことを表しています。

この◯の中には十字はありません。そして、軌道上には小円もありません。ただ、大きな大円が描かれているのみですが、このシンプルな図象にはたくさんの情報が存在しています。

まず言えるのは、ぐるりと囲んだラインによって何もなかった場所に、内と外という二つの世界ができたことがわかります。何もないと思っていた場に、このような大円が描かれたことで、二つの世界が生まれたことになります。これが現象世界と潜象世界のハジマリです。

つまり、このラインが引かれるまで現象も潜象もなかったということになります。ラインと書きましたが、これはとても小さな粒子が集まり回転している軌道です。言い換えると、軌道ができたことで、こちら側という現象の世界と、向こう側という潜んだ世界が生まれたのです。ですから、現象も潜象も実は同じモノであるということも、この図象は表してくれています。

現象の世界と書いていますが、現象の世界の中にも、見えてはいないけれど現象になっているものがたくさんあります。例えば、虹などは見えない世界が、見えるカタチになった代表選手で、太陽の光が空気中の水に反射して出来上がるモノです。虹となったビッグアーチは現象物のようですが、手に取ろうとしても、つかむことはできません。すべての関係性が成り立ったとき、太陽の光と空気中の水という二つの素材が重なり合う場が生まれ、虹という現象を生み出しています。

このように、現象の世界で捉えている部分にも、気づくことのない潜象の世界は存在しています。虹だけではなく、私たちを取り囲んでいる空気も同様です。魚が水の中に存在しているように、私たちは空気の中に存在していますが、それを感じることは普段あまりできていません。

魚が水の中から出れば瀕死の状態になるように、私たちも大気圏から飛び出すと生きていくことはできません。私たちが空気をあたりまえだと思うように、きっと魚はそこに水があると思っていないのです。つまり、空気は見えない水です。

この、私たちにとって、あたりまえに存在している見えない現象のことを、カタカムナ古代人は、「アマ」というコトバできちんとカタチにしてきました。

天もアマと読みますし、海もアマと読みます。天には天照大神《アマテラスオホミカミ》が存在し、海には大海神《オホワタツミ》が存在します。この両神ともカタカムナ文献には出てきます。カタカムナの中では、彼らも現象の法則《コトワリ》の一つで、ミクマリ、アマに大きく関係するコトバの一つ一つなのです。

少し、話は逸れましたが、ミクマリとは、そういう見えないけれど、見えるカタチになろうとする極みのモノ、すべての現象になっていく元のことを示しています。ささやかな太陽の光で虹を示した水のように、そこにはあるけれどまったく見えない。けれど、次の段階で太陽の光が差し込めば、虹になるモノのように、ほんのささやかな刺激により、現象化を起こす元、根源のコトをミクマリといいます。

これは日本語の方言に「くまる」という言葉で残っています。北の方には糸状のものが絡み合っていることを示して「くまる」というのだそうです。「くまる」が「絡まる」になったのですね。ミクマリとは、まさにこのことで、たくさんの現象化する材料が絡まって存在している状態のことです。絡まり合いながら、融けてしまうのではなく、絡まり合うことで、網目のようなものができ、刺激が起きることによって大きくたわみ、たわんだ部分が空間を作り、現象になるのです。

ですから、ミクマリとは、網目のような場を表しています。

第一首はもちろんのこと、第十五首にも「ハジマリ」が存在しています。すべての始まりはカタカムナヒビキであり、アヤミクマリ　クニノミクマリから発生するとしています。

「感じる」とか「直感する」という感覚器官が捉えているものは、この「ミクマリ」です。例えば、何もない瞬間に、何かふと感じ、旅に出るような人が私の周りには少なからずいます。その旅で、思いがけない人物に出会い、結婚したり、仕事を辞めたり、住まう場所を変えたり。彼らは、そのときフトしてくる、ミクマリを感じて行動しているのです。そのコトバの通り、ミクマリとは「ミ」が「クマって」います。

身をもって、身代、身を固める、身の程知らず、身の丈を知る、など「身」を使った言葉はたくさんありますが、これらは全部、「カムナ」を感じさせる言葉のようです。この「身」は、「自分の中なるもうヒトリの自分」を表しているのです。その「身」が作用して「ふと感じる」を起こすわけです。

そういうときの「ふと」は、「自分の中なるもうヒトリの自分」が起こしていますから、お金がないとか、時間がないとか、意味がないとか、そういう思考からの言葉が起きてきたとしても、その声に従わずに行動に移せば、思ってもみない奇跡が起きるわけです。

ジャンヌ・ダルクや、ナイチンゲールのように。彼らにとっては、行動しないと生きていけないような神の声は、まさに込み上げてくるミクマリの圧力です。

つまり、「ミクマリ」というのは、ささやかな刺激で、もっとも大きく変遷し、現象化を作る元のモノを示しています。ここからすべてのモノは発生し、そして、私たちはときとしてこのミクマリを感じながら、生き続けてきました。

カタカムナ図象

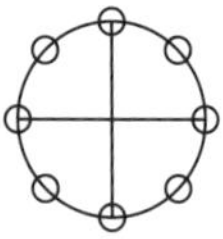

次の中心図象は「カタカムナ図象」。

通称「ヤタノカカミ」です。

この中心図象には通称が存在しています。

カタカムナ図象という、カタカムナの代表のような図象でありながら、通称があるのは、「ヤタノカカミ」がズバリ、カタカムナというモノの仕組みを説明しているコトバだからです。

見えない世界と見えている世界は鏡写しになっているとか、鏡の法則などとして世の中に出てくるのは、この仕組みのことを捉えているのでしょう。ただ、本質的には、「ヤタノカカミ」ではなく、「ヤタノカ　カミ」です。

この中心図象が何を示しているかというと、現象という世界と潜象という世界は、「カタカムナ」として一つにつながり、いつもカタの中にあるカムナがすべてを生んでいることです。

この世はカタカムナが生む多種多様な世界ですが、それは「カタカムナ」というヒトツのカタにより起きています。そういう仕組みを教えているウタの中心には、この図象が置かれています。

四十八音の声の音符はこの図象から生まれました。そしてまた、すべての声の音符を集めるとこの図象になります。これは、ここからすべてが始まり、ここへと還っていく仕組みを述べています。

声の音符とは自然界の仕組みを伝えているモノですから、カタカムナ図象と自然界は相似形で存在し、現象の仕組みはカタカムナ図象で示すことができます。さらには、宇宙の仕組みのすべてがそこにあるのですから、カタカムナ図象はとても多様性がある図象です。

例えば、その図象の縦線と横線はトキ、トコロを表しています。また、小円の位置は、現象が生まれるには順番があることを示しています。命が生まれて元の世界に還るかのように、小円の位置が時計と反対回りにマワルことで、モノゴトが生まれ、元あった世界に還っていくことを表しているのです。

さらに、その小円に大円の軌道が貫通しているのは、大円の軌道で、現象がヒトツにまとめられているコトを表しています。発生したモノゴトは、さまざまな段階にありますが、それらは大きな一つの括りでまとめられていることを示しているのです。

例えば、一つ一つの星が生まれながら、銀河としても大きく動いているように、私たちの肉体の中で細胞が一つ一つ新陳代謝を起こしながら、一つの肉体としても変遷しているように、小さな小円は一つ一つ回りながら、大きな軌道としても変遷し続けていることを、そのカタチで示しています。つまり、小円が一つ一つ存在しつつ、それらは大きな一つとして統合されていることになります。前述のイキツチノワのお話と相似形です。

八つの小円が表しているのが「カタ」であり、統合しているチカラが「カムナ」です。つまり、カタカムナという図象です。

カタカムナがセットされるということは、すべての現象化を表しています。つまり、この図象はすべてのものが発生し続け、そして多種多様性をもって存在していることを示しています。

この中心図象が置かれているウタヒは、八十首の中でも七十一首にのぼります。つまり、七十一首は、さまざまな発生を謳っていることになります。カタカムナウタを謳うことで、何かが変化するのは、このウタのヒビキが発生を促しているからです。

フトマニ図象

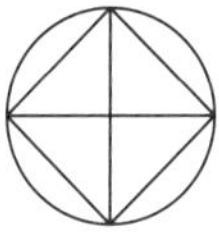

最後の中心図象はフトマニ図象です。

この図象はとても不思議な形をしています。丸に十字　その中に四角形が入っています。

フトマニ図象は、七つのウタヒの中心に置かれています。

現代、「フトマニ」という言葉は、「太占」という漢字をもち、太古の歴史の中で生まれた占いのようなものを意味している言葉として使われています。

その方法は、牡鹿《おじか》の肩骨を波波迦《ははか》（上溝桜《うわみずざくら》の古名）の木皮で焼き、そこにできた割れ目の模様によって占うもので、奈良の天香具山《あまのかぐやま》の麓にある天香山神社には、太占で使われていた波波迦の木が残されています。

カタカムナでは、「カタ」と「カムナ」が繋がって世界ができているのを具体的に表している図象になります。

私は八十のウタヒや、カタカムナの理論をずっと見てきて、「あぁ、カタカムナの大綱は、このフトマニということだったのだ」と感じています。

フトマニ図象は、立体にすると正四面体のような立体になっていきます。四角形の部分が正四面体構造をもっています。中心の縦と横の線の見え方を少し変えてやると、正四面体が浮かんできませんか？　その二本のラインは重なり合いながら十字を示しているので、十字架のように縦と横が統合していません。あくまでも重なり合っているのです。

重なり合うことで、縦の線と横の線の間に空間ができ、現象という「マ」が生まれます。

つまり、四角が表しているのは、下の図のような状態です。

丸はミクマリ図象でも書いたように、アマとカムを分けるために存在し、さらに、アマの中には四角に見える正四面体構造を立ち上げている図象です。

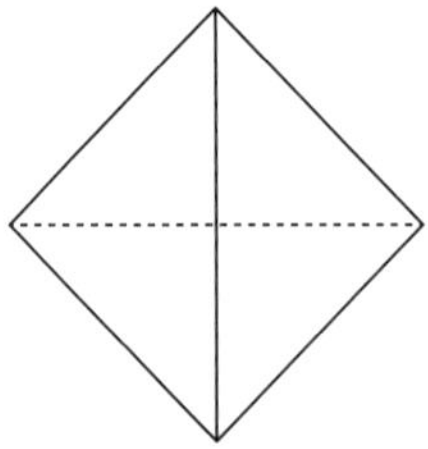

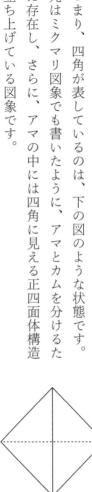

もうおわかりかと思いますが、この正四面体構造こそ、カタの世界、現象の世界を示しています。

これは、カタカムナの中でとても大切な仕組みである「互換重合・正反親和・対向発生」を示しています。

互換重合というのは、互換性のあるもの、互いに取り替えがきくものが重なり合うことで、入れ替わっていることを表しています。わかりやすくいうと、互換とはこっちで使えるものは、そっちでも使えるということであり、どこで使っても動くということです。

時間と空間というトキトコロは互換しています。時間は空間になり、空間は時間になります。つまり、時間と空間は同じモノでできていて、互換しながら、時空というものを作り上げています。そのことを正反親和といいます。

これもわかりやすくいうと、こっちで使えるものをそっちで使うためには、正反対のものであるということが条件であることを伝えています。

カタとカムというのは、鏡写し状態ですから、まるで正反対。見えるもの・見えないもの。こちら側とあちら側は、正反親和状態なのです。

この世はあの世の鏡写しとよく言いますが、正確には、カタとカムは「ある角度」

で鏡写しの状態になったとき、時空の「発生」を起こします。それを対向発生と言います。

この対向は向き合う、向かい合う（ムカヒ）する対向で、対抗ではありません。が、ちなみに音が同じであれば、同じ仕組み・働きが存在していますから、この対抗も実は、その言葉の奥に、対向が存在しているはず。向かい合うということは、そこに必ず結び目が存在するということですから、結び目ができれば、発生します。

この図象は、これだけで正反対向発生、正反親和を伝えている中心図象となります。互換重合を広辞苑で調べてみると「一種類の分子・単量体が二個以上結合して、分子量の多い新しい分子を生成する反応」とあります。難しい表現ですが、互換重合とは、まさに、その通りです。

ヒトツとヒトツが重なり合いすることで、「フタツ」となります。そのフタツは結合することで、ムスヒするのです。新しい一つをムス・生むのです。この「新しい」というのがミソで、ヒトツとヒトツが重なり合うことで、ヒトツになるのではなく、まったく別の新しいものが生まれる。これが重合です。この仕組みにより、新しいものが生まれることを互換重合、対向発生と言っています。

私はカタカムナを知って、「重合」という言葉を初めて知りましたが、なるほど、この世界は重合であることを感じます。すべてが重合し合いながら、次々と、新しいものを生み出している、ということになります。

それを進化としていますが、いや、それさえも変遷であり、プロセスの只中なのだと思います。私たちはこの変遷のプロセスに気づいていません。なぜならこの重合が起きていることは、私たちには捉えようのない潜り込んだ部分で起きているからです。

ここで大切なのは正反という方向性です。正反というと、向き合って真逆になっているのをイメージしがちですが、そうではなく、真の正反とは正反対ということです。つまり「対」というペアです。これは、ずっとお伝えしてきた結び目のカムナの存在があるからです。

向き合う、向かい合う（ムカヒ）とは、この正反性という中で起きてきます。カタカムナの仕組み（コトワリ）のヒトツに、「ヒコヒメ」というものがあります。

ヒコ　発生し続け循環しているモノ
ヒメ　発生する中に秘められていて、そうたらしめているモノ

このヒコとヒメというコトバは、「カタカムナ」というコトバと相似形です。

面白いことに、これは地名にも残っています。

滋賀県の「彦根」「ヒコネ」、ヒコの根っこ

兵庫県の「姫路」「ヒメジ」ヒメの示し

フトマニとは、このヒコとヒメ、カタとカムナ、そうであるものと、そうたらしめているものが、番《ツガ》いのようになって、新しい「マ」を作っていることを示しています。

男性と女性がまぐわって、新しい生命が生まれる。これもフトマニの相似象です。

現象界を示す◯、そしてトキトコロという二つが重合して、四角の四面体で示されるカタの世界、現象の世界を型だししている象です。これを、専門用語で双相一象図《ソウソウイッショウズ》象《ショウ》といいます。カムとカタの世界は、こんなふうにつながり合っていることを表すコトバです。

これを通称、諸刃の剣を表す「ツルギ」と言っています。刀は片刃で相手を斬る武器ですが、諸刃の剣は和睦の印とされています。ツルギは、ツルム・交尾《ツル》むや、番《ツガ》いという働きがあり、親和を示しています。

諸刃の剣を振り回せば、相手だけではなく、自分も傷つきます。古代は、和睦を願うとき、この剣を使いました。この剣を相手と自分の間に突き刺して話し合いをしたのです。

「私とあなたは鏡写しのように存在しています。剣をあなたと私の間に突き刺すことによって、この剣を元に発生するエネルギーを感じられたら、私たちは同根であり、仲間です。私はそれを感じますが、あなたはどうでしょう？」

和睦というつなぎ目を作るとき、彼らはこのように会話したのではないでしょうか。太古の昔、フトマニは、つなぐ部分を発生させ、ヒトツカタを結ばせるという型だしをするための手技だったのかもしれません。

日本には古くから、「鶴は千年、亀は万年」という有名な祝いの歌があります。鶴と亀、これも「ツルギ」と読みます。能の世界の中にも、鶴と亀は『鶴亀』という演目として存在します。天下泰平、国家の長久を祈念し、祝福するという、おめでたい演目で、中国から渡ってきたとされています。

けれども、満州で楢崎皐月さんが道士から聞いた話を思うと、日本から渡ったのかもしれませんね。真実はわかりませんが、鶴は千年、亀は万年。鶴亀・ツルギ、ツルムことで、果てしなく長きにわたり和が訪れる。二つのモノが、フトマニすることで、ミクマリから命が生まれる。つまり、フトマニとは発生する場を作っているのです。

鶴は縦に空を飛ぶもの、亀は横に地をゆくもの。鶴と亀は正四面体構造のタテとヨコを示しているように思えてきます。正四面体の真ん中は空洞で、「マ」になっている。これが本質的な「ムカヒ」向かい合い、「ムスヒ」結び、産霊です。

世界に存在する古代の信仰の中には、空を飛ぶモノと、地を這うモノがセットになったものも少なくありません。本質的には、十字架でさえ、フトマニの表れでないかと思います。

つまり、フタツの世界の重合、現象と潜象が対となり向かい合うことで新しいモノが生まれてくるのを現象としてみる。そういうサトリを示したウタヒの中心には、この図象が置かれています。

ここまで、三つの中心図象の大まかな仕組み（コトワリ）について話しました。カタカムナウタヒを見てみると、

第一首の中心図象　ミクマリ図象
第二首の中心図象　ヤタノカカミ図象
第三首の中心図象　フトマニ図象

というように、三つの中心図象が順番に出てきます。

ミクマリからモノが発生し、順番にカタチに現れるプロセスを説明し、そして、現象と潜象はどのようにつながり合っているのかを、第一首から第三首まで順番に示し

たのです。

　つまり、最初の部分で、カタカムナの大きな柱である、互換重合と対向発生という原理をカタカムナ人は示しておきたかったのでしょう。そして、4首から淡々と、潜象から現象が生まれてくるサトリを示していきます。

第5章

カツ（数）とカタカムナ

カタのウタ　六十四

いよいよカタカムナウタヒの構造へとお話を進めていきます。ウタヒ八十首も全体的に見ると大きな構造です。

私の先生であるフルヤマアキヒロ氏は著作の中でも、直々にお会いしたときにも語られていたことがあります。カタカムナウタヒが誕生した古代には、カタカムナウタヒは六十四首であったというのです。

四十八首のウタから六十三首までのウタヒは声音符ばかりのウタが並び、確かに急に意味が取りやすくなります。ですから四十八首のウタから六十三首の合わせて十六首は、後の人々が挟んだモノに違いない、と言われていました。

そのことをご自身の著書『カタカムナは日本語の起源』の中でこんなふうに記されています。

「四十七首までのウタが長い間そのままであったが、紀元前の時代にウタが加えられたと思う。四十八首から後代の方が四十七首までを解読し、カタカムナとココロのつながりに注目し、ココロに視点を置きながら、説明をしながらおさらいをしたと考えます。

（中略）

本来は四十七首の次の歌が六十四首です。生命発生の仕組みを詳細に伝えています。あまり高度な物理なので四十八首から六十三首はコーヒーブレイクしましょうなど と、カタカムナ人が考えてくれるわけがないのです（つまり、カタカムナ人が急に簡単にしたわけがない。後世の人が入れたということです）。

宇野先生は六十四首から今までとは明らかに感触が違うと述べておられますが、四十八首から六十三首こそ感触が違うと思います。

しかし、カタカムナ文明の時代との隔絶を感じさせてくれる証拠を残してもらっていますし、ココロを探求したかった気持ちも理解できますので、後代の者にとってはありがたい試みであったと思います」

このことを聞いたときには、あまり六十四という数字について考えたことがありませんでしたから、ピンとくることはありませんでした。ただ、確かに、四十八首からいきなりとても簡単な内容にスライドし、ウタヒを構造化しなくても、前から順番に読み、今の日本語的な意味で捉えてもわかるような内容になります。そしてウタヒは、そのまま終わるのかと思いきや六十五首から、またそれだけでは意味が取れないウタヒへと変化しています。つまり、六十五首からウタヒの構造を、自分なりに立ち上げないと意味が取れないウタヒへと急に進化しているように思えるのです。

この後、ウタが六十四であることと、神聖幾何学の六十四　テトラヒドロン（百四十四面体）との整合性が取れたとき、フルヤマさんの言われていたことがなんとなく腑に落ちました。

この構造が紐解ければ、地球の構造、時空のシステム、宇宙銀河の構造、肉体や原子分子の構造、そして古代の人々が、この世界に遺してくれている歴史的構造物やオーパーツが示しているたった一つの元型なるものが受け取れます。カタカムナの示している構造の中にそれはあるはずだと、気づかされたのです。

テトラヒドロンとは立体構造のことです。正四面体はフトマニ構造になっていくことを示していると、中心図象のところで説明しました。

六十四テトラヒドロンという幾何学には、六十四個の正四面体が含まれています。

またすべてのプラトン立体が含まれ、八個のマカバが含まれている構造体です。正四面体構造がフタツ重なることで、マカバという六芒星《ろくぼうせい》の形になります。平面で捉えると六芒星という六角形ですが、立体で捉えると頂点は八個存在します。ですから、マカバは立体的に捉えると星型の八角形になります。

正四面体構造が向かい合う構造、それも、お互いに正反対の向きで向かい合う構造をカタカムナで正反対向といっています。

そして、この構造が基本的にエネルギーの流れを生み出します。基本となる正四面体構造が二つどのように重なり合っているのかというと、一つ目の正四面体構造が左に回れば、もう一つの正四面体構造は反対の右回りに回ります。

同じ二つの構造物が反対の逆さ向きに回ることで、しだいにエネルギーを発生する状態へとなっていくのです。この正反対の回転が完全な組子になることを、ヤタノカカミというコトバで示しているのです。このハタラキが、ヤタノカカミとカタカムナカミという二つのモノのヒビキを生む神ハタラキです。左回りがヤタノカカミだとすると、右回りがカタカムナカミということになります。

この両神、両界の働きによって現象は生まれ続けていると、カタカムナはこの世の仕組みを伝えています。

星型八角形の頂点のすべてが活性した状態になっていることを表しているのが、ヤタノカカミ図象に配されている小円の存在です。

小円の意味は「色濃くなった部分」や「重なり合っている部分」とお伝えしてきましたが、なぜ、重なり合うと色濃くなるのかということが、立体構造で捉えてみるとよくわかります。二つの正四面体が正反対向の逆回転を始めると、すべてのポイントで活性し、チカラが拡大し、収縮していきます。

ヤタノカカミは永遠に循環し、この世界は保たれていくことを示した図象です。生まれたものは消滅していきますが、生まれ続けることで、全体性としては発生し続けるのです。そのように、宇宙は構造化されています。奪われるということも、なくなってしまうということも、実はあり得ないということがたった一つの図象で示されています。

このように、平面的に思える図象を立体で捉えることにより、だんだんとカタカムナ人が伝えたいことが理解できるように組み変わっていくことを構造化といいます。

さて、元に戻って、「六十四テトラヒドロン」とは、六十四個の正四面体が組み合わさり立体構造となったモノだとお伝えしました。そして、その六十四個の正四面体構造でできている六十四テトラヒドロンは、同時に発生し続けている八個のマカバが集まった構造をもつ立体でもあります。八個のマカバ構造の中心が生み出す八方向へのエネルギーの生み出しは、この世界のすべての方向性を作り出します。

中心の一点からあらゆる方向へとエネルギーが広がり続けていることを示しているのです。これが、カタカムナウタヒ六十四首分がつくるチカラと相似形になっています。

つまり、六十四のウタヒは、ある一点から、この宇宙におけるあらゆるものを生んでいることを示しつつ、それぞれのウタは単独でハタラキを伝えていることになります。

では、もう少し具体的に六十四テトラヒドロンを考えてみましょう。六十四テトラヒドロンという立体の中には、プラトン立体のすべてが含まれているといわれています。プラトンは、正多面体は宇宙のすべてを支える根源的なチカラだといっています。正多面体というのは、すべての面が同じ図形でできている立体のことです。立体ですから、角ができないと立体にはなりません。

例えば、正六角形の一つの内角は百二十度ですから、一つの頂点に正六角形が三つ集まると平面になってしまい、角が作れません。この角が作れないということは立体にならないということです。

つまり、この世界は角のある角度で存在することで現象となっているのです。方向性は角度を作ることであり、現象化には角度が関わっているとカタカムナではいわれています。プラトンは、数や幾何学の中に宇宙の真理を探しました。この中にこの宇宙のすべてが網羅されていると確信していたからです。

プラトンの有名な言葉、「神は常に幾何学する」をカタカムナ的に言い換えれば、「カミは常に構造を作る」ということになります。

潜象の世界に渦巻く「カ」というものが、実体の「ミ」になることは常に構造という角度の存在抜きにはありえません。

繰り返しになりますが、現象化は立体構造になるということであり、角度をもつということです。そして、前述の「六十四テトラヒドロン」にはこのプラトン立体のすべてが含まれている。ということは、その中に宇宙の真理がすべて含まれていることになります。

プラトンの立体は五つ存在します。その構造は火・地・風・空・水というこの世を作り上げている五大元素を示しています。万物においてすべての基本元素と言われているモノです。それらがすべて含まれているということは、この中にこの世の中を立ち上げているすべての要素が含まれていることになります。

そして、その「六十四テトラヒドロン」が、カタカムナの八十のウタヒの中の六十四首、全体の八割を占めているウタヒと相似形になっているわけです。

インドでは、これをヤントラ中のヤントラとして、シュリ（富）・ヤントラ（幾何学模様）と呼んできました。確かに、すべての部分で活性化することで、超意識が誕生することにもつながります。なのでこの図形は、私たちのオーラや生体エネルギーにプラスの効果をもたらしてくれるといわれているのでしょう。

彼らは、床絵として砂曼荼羅を描きますが、それは平面として描かれているので、この仕組みを知らない人には、六十四テトラヒドロンになっていることに気づけません。けれどこの仕組みを知っている人たちは、繁栄や幸運を引き出すチカラ、つまり発生の仕組みを描いていることがわかっています。古代人はさらに細分化して、それを作り上げている元を示していることになります。

また六十四という数字は、中国の易経の基本図象・六十四卦の数でもあります。そして、ＤＮＡのコドン（遺伝暗号）の数も六十四であり、トーラス構造もこの中に隠れています。このトーラス構造こそが、ヤタノカカミとカタカムナカミの共振現象で起きる仕組みなのですが、詳しいことは、次の本で書かせていただく予定です。

何度も申し上げるように、カタカムナは構造です。声音符も図象符も、中心図象も、構造です。その構造を解く鍵がウタの中に存在しています。

カタカムナウタが難しく難解だと感じるのは、まだ私たちの感受がカタカムナ的になっていないからです。

私たちの感受が、カタカムナ的な構造に作り替わったとき、六十四のウタのチカラは、私たちの真ん中、ミナカから八方へと広がり続け、そしてまた、八方からミナカへと集約し続けているのを感じることになります。それほどパワフルな構造を、カタカムナはこの世界に遺してくれました。

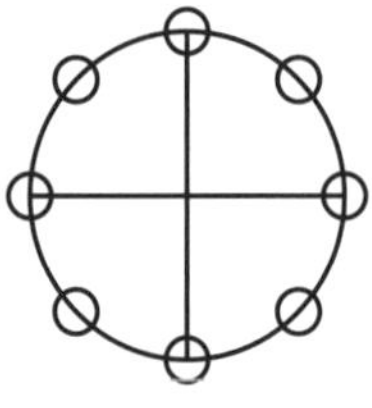

カムのウタ　十六

さて、フルヤマ先生が言われたように、六十四首のみが、上古代にカタカムナ人が遺したもの、として捉え続けてきました。が、あるとき神聖幾何学を探求し、私に六十四テトラヒドロンを伝えてくれた方とお話をしたことで、フルヤマ先生が後の世に挟み込まれたとしていたウタ、十六首のことをようやく理解することができました。

　難しくなるので詳細は避けますが、後から差し込まれたこの部分は、簡単にいうと、見えないカムの世界のことを伝えているウタだと思い当たりました。さまざまな現象として出て来ていることを示している六十四首のウタヒたちを発生させているのは、このカムのウタがもつ十六首のチカラということになるのです。

　六十四という形の真ん中に空間、つまりマが存在し、カムの世界とカカワッテいます。まさにこの世界を発生させているような構図です。

　カムのウタ十六首の中には、カムナマニマニというなんとも可愛い言葉が何度か出てきます。カタとカムのつなぎ目である「マ」の世界を伝えているウタが、とてもシンプルな十六のウタなのです。カムの世界はシンプルで、ただ発生させるチカラだけの世界だと謳っています。

　これまでとまったく違ってその部分の世界観がいきなり大きく変わるのは、見ている視点がいきなり変わり反転したからであって、よりシンプルな世界がカムの世界だと言っているようなものです。

　量子の世界では、量子という微細な世界では、今私たちが見ている世界とは違う法則が存在するのではないかといわれています。カタカムナも同じことです。現象の世界と、潜象の世界は法則が違うのです。つまり、見えないということはただ単に、見る方法を知らないということである、ということになります。

カムを知る方向性や、カム側から見た発生は、今使っている方向からはまるで逆です。それは例えば、北半球からだと太陽は南中しますが、南半球に住んでいる人々には太陽は北中するように、太陽という地球を照らしているたった一つのモノでも自分が存在する位置が異なると、まったく違う方角に存在するのと似通っています。

それを感じられるのは、立体的にものを感じ取るチカラをもっているかどうかによります。カタカムナの図象や声音符は、平面ではなく立体的な図象なので、それらを組み合わせているうちに、ものごとが立体的に捉えられるようになっていきます。この仕組みが、音を示している記号のみではなく、八十のウタヒにまで相似的に示されていることに驚きます。

おそらくこれは、カタカムナ人が何かを伝えたくてそうしたのではなく、彼らの生き方、表現の仕方がそうだったのでしょう。カタカムナ人は両方の世界をきちんと見ながら生きていたのです。

両方の見え方、両方の捉え方を知ることで、この世界が単一的なものではないことを知ります。カタの世界だけではなく、カムの世界だけでもなく、その両方を捉えるチカラをつける、つまり、見えない潜象ではなく、現象を生み出す構造を知ることで、それがどうやってできているのか、それは何のために起きているのか、それがどうして出てきたのか、それは次にどんな形になっていくのかが、極めてあたりまえにわかるようになります。

しかも、現象よりも潜象の方がシンプルでまとまっています。このことは、私たちが多種多様に広がり複雑な世界に存在していますが、作り上げている側はとてもシンプルだということです。私はこれを知ってとても安心しました。

タイミングよく、東北の縄文遺跡を訪れるチャンスに恵まれました。北の大地にはわかりやすくこの仕組みがあらわれ出ています。例えば、伊勢堂岱《どうたい》遺跡や、大湯の環状列石を見ると、潜象世界で発生を生んでいる十六が示している構造を捉えることができます。

十六とは、ヤタノカカミという構造が二つ組み合わさった仕組みです。鏡写しになっている潜んだ世界を、鏡写しになるように配置された二つの石、二つのサークルが示しているような気がします。

それは、鹿児島の上野原遺跡で見た壺型土器にも相似です。祭祀跡に存在している丸と四角の口をもつ二つの土器は並べて埋められていたようです。対で埋められた壺型土器として展示されていました。

堂々と張り出したスタイルの角の口の壺、柔らかい曲線をした丸い口の壺が対になって、土中から外に展開しています。まるで一つは角度をもった現象界を、もう一つはシンプルな潜象世界を表しているようでした。

現象を表している六十四首のウタヒは、潜象世界を表している十六首のウタヒによって作り上げられています。十六首と四十六首のウタヒのこの構造を知ることで、この世の中がどんなふうになっているのかがわかります。

十六首の十六と、十六菊花紋という天皇家のシンボルが相似形なのは、興味深いところです。このカタカムナウタヒは、天皇家にも形として残されているという噂もありますから、何かカカワリが存在しているのかもしれません。

八十存在するウタヒを、六十四と十六に分けることとは、二つの世界の結び目を作ることです。両界が混沌と混じり合った世界を二つに分けることで、エネルギーを発生させています。

分けるということは、それと、それではないモノとを生むのですね。

これは、ポジティブに関わることで、ネガティブにも関わることに相似します。真摯にネガティブを手放すことにフォーカスをしてきた友人に、ネガティブはポジティブがないと発生しないと伝えることで大変化が起きました。たった一言です。

「ネガティブはポジティブがないと生まれない」

その一言で、彼女の目は瞬時に変化したのです。片方しかない世界を見続けることで迷い続けてきたのです。けれど、フォーカスしている世界を発生させている元を知ることで、生き方が変遷した一例です。

この両方の世界の存在を、この六十四のウタヒと十六のウタヒに分けることで、伝えてくれています。

カタカムナは構造という仕組みを理解することで、発生を生みます。そのいちばん基本的な構造を「カツ」「数」として存在させています。

カタカムナの基本は、カのツ（数）

カタカムナの中でも有名な「ヤタノカカミ」という図象には、下図のように、「ヒフミヨイムナヤ」と、小円に音がふられています。これは、「一　二　三　四　五　六　七　八」というように、数詞ともいえる型がふられています。

日本民族が使用していた数というのは、ヒトツ・フタツ・ミッツ・ヨッツ・イツツ・ムッツ・ナナツ・ヤッツ・ココノツという「ツ」がつくものです。

カタカムナ文献の中にある「ヤタノカカミ」が示している基本的な性質は、このカツという法則を元に存在しています。

みなさんがよく知っている数というのは、カ・十゜の、ツ・⌖です。

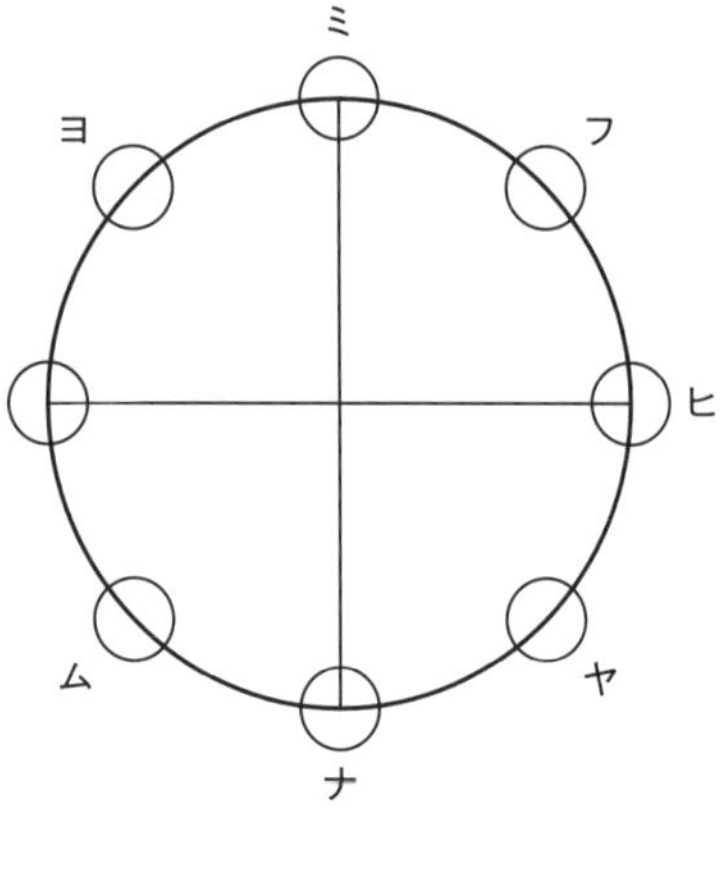

潜象の「カ・十゜」というものが、どんなふうに現象に出てくるのか、発生の仕方

を「ツ・（あらわれる）」として示しています。

日常で使っている数はただの数字ではなく、ヒトツ、ヒトツが、発生・変遷、循環・還元などという、カ・というエネルギーが、発生している自然律を伝えています。

日月神示を表した岡本天明氏が、「古事記」を前にして、「古事記の解明には高度な知性と、高度な霊性が必要である」としたうえで、古事記の解明がこれまでになされてきていないのは、一つには「言霊の鍵を当てて解明しようとしたから」ということと、二つ目に、「古事記の数読みが忘れられてしまったからである」としています。

宇宙とは混沌としたものから、基本的な数、「カツ」によって統一されています。この古事記を数読みしているのが、カタカムナウタヒであり、それをなしたのが楢崎皐月氏ということになります。

ですから、カタカムナと古事記は密接につながり合っています。

カのツという基本法則を示している図は、中心図象でもある「ヤタノカカミ」です。「ヤタノカカミ」は、中心図象的な意味をもちながらも、さらに、カタカムナの基本的な数の意味ももっています。小円がどの位置にあるのかで、どんな仕組みが生まれているのかを説明しているからです。

簡単に説明すると、
「ヒ」という位置に小円が入ると、「ハジマリ」という周波数を発します。
同じように、
「フ」は、振動、震え、増える
「ミ」は、本質の発生
「ヨ」は、トキの発生、四相性の生まれ
「イ」は、トコロの発生、在るということ
「ム」は、立体化　仕組みの生まれ
「ナ」は　変化であり定着性、周期性であり波の発生
「ヤ」は　極みであり、安定
などです。

合わせて、「コ」と「ト」を見ていくと、「コ・」には、二つの小円が付いています。

これは、とても特殊な声音符で、並びで二つの小円が存在している記号は、四十八の記号の中でもこれだけです。これが表しているのは、ヤという極みと、ヒという始まりが重なる「終わりの始まり」を示しています。

つまり、「コ」とは、終わりながら始まっているのです。終わりと始まりが重なり合い続ければ、それは循環になります。ですから、「コ」は循環を表していることになります。

子供のことを、「〇〇さんの子」と言いますが、まさに子供は循環です。その家系にとっても循環ですし、国や世界にとっても子供は循環です。

このような循環性のあるものを、二つの小円を並べることで示しているのです。

そして、「ト」は、縦線と横線が重なり合い、螺旋《らせん》を描いていく、ということになります。

この仕組みを自然界の流れで例えると、

「ヒ」芽が出て
「フ」葉が出て
「ミ」種の中の本体が出てきて実体が生まれ

「ヨ」トキを重ねた分だけ上に伸び、蕾が付き
「イ」色が生まれ、(花が咲き)、受粉して
「ム」受粉してできた実の中に種子が生まれるという構造が完成して
「ナ」周期性が現れ
「ヤ」周期が極みになり
「コ」枯れて土に還りながら、種は土にこぼれ次へと循環していく
ということになるでしょうか。

このヒフミヨイムナヤは、潜象から現象になる発生の順序と、発生から潜象へというカム還る順序も表しています。

この法則は、自然界だけではありません。この世の中のなにごとにもこの法則があてはまります。この世界のモノは、このような一つの型(ヒトツカタ)を、もち続けています。私たちの人生や、仕事のプロジェクトなどにも相似して、この形が存在しています。

カタカムナ人は、そのヒトツヒトツを、音に託し、数にし、その型を伝えています。この型をあてはめることで、次はどうなっていくのか、また、どうすれば永遠なる循環を作り上げられるのか、ということがわかってきます。

この本も、今のところ、まだ、「フ」の振動し、増殖し、膨らみ続けている状況です。全体がまとまり、全体性を見たときに、この本のミナカのヌシ、つまり実体があらわれてくれると、時空というこの世の物質に姿を変えていきますが、そうでなければ、また「振り出し・フ」の位置に巻き戻されます。

この何度も繰り返して、「ミナカノヌシ」を立ち上げていく作業が、この「フ」の位置で行われていることです。

私は畑をしていますが、花も野菜も、たくさんの双葉をつけて、伸びて、時間を積み上げ、ようやく花というトキを結んでいきます。そのトキが、トコロという「実」になるには、受粉という他のものとの関わりが必要になってきます。つまり、他との関係性が生まれたとき、時空というものが結ばれ、ようやく「実」という果実や、野菜になっていくのです。

そして、その実の中に、次なる命を含むカタカムナという構造が完成すると、六という「ム」が立ち上がります。カタという果実の中に、次の命の元である種、カムナが生まれたとき、「ム」となるのです。

私は、カタカナの「ム」を書くたびに、カタカナの「マ」を感じます。「ム」を反転させてみると「マ」になります。「ム」という仕組みができると、その背景に、真空につながる「マ」が生まれます。

何もないように見える「無」は、視点を変えると、真空という新たなものを生み出す空間があることが示されているようです。

「ム」という、仕組みが生まれると、それが周期となる周期性が生まれます。それが、「ナ」です。この段階では、一つの周期を生むことで、全体的にそろっていくようなイメージです。

よく思うのが、たくさん並べたメトロノームです。メトロノームは、リズムを取りながら、カチカチという音を響かせる機械ですが、何台もの違うリズムを取るメトロノームを同じ空間に並べていると、いつしか、すべてのメトロノームが同じ周期性をもってリズムを刻み始めます。これはメトロノームの振り子が互いに影響し合って、振動のリズムがそろっていく現象です。これを同期現象といいます。

同期現象はメトロノームだけでなく、カエルの鳴き声や蟬の声、人間の心臓の拍動など、自然界の多くの場面で見られます。個体の周期が決まり繰り返すこと、そして、周囲の多くのものがそれに同期することで、周期というものが生まれてくることを現象は表しています。

「七転び八起き」や、「七変化」、「なくて七癖、あって四十八癖」など、「ナ」にはカタカムナ的な印象が強いです。あるものが一つの周期を完成させると、同じようなものが、同じように周期を完成させます。

カタカムナ的には、同じようなものが一斉に花ひらいたり、同じように一斉に収穫できるのは、それ自体にあたりまえの周期があるだけではなくて、周りがそれに同期していくことも理由に挙げられるのではないかと思います。


「ナ」で周期性が起き、癖になったものは「ヤ」で極まるポイントに到達します。極まった時には破れてしまうか、安らいで次の段階に進むか、カタカムナの特徴である「正反性」が存在しています。

「ヤ」のつく言葉には、「破れる」、「病」、「卑しい」、「疾《やま》しい」などがありますが、さらに、「安らぐ」、「癒し」、「和らぎ」など、正反性をもった言葉が並びます。

また、「ヤタノカカミ」にも「ヤ」がつきます。「ヤタノカカミ」の「ヤ」を思うと、かつて見た映画、黒よりも黒い絵がパリのルーブル美術館にあることを知った主人公はそれを探しにいく映画を思い出します。

人やものを映し出す鏡は、すべての光を反射して鏡面に映し出す。けれど、黒という色はすべての光を吸収する色で、その映画の中では、見てはいけないものとして、表現されていました。

なるほど、それこそ「ヤタノカカミ」なのではと、思わず納得してしまいました。すべての光を吸収するブラックホールのようなものが、「ヤ」の位置に存在しています。闇も「ヤ」のつく言葉です。闇もなんともいえず、どこかに吸い込まれてしまうような気持ちになります。極みとは、そんな位置です。

その位置で、潜象から現象が生まれ、現象は潜象に還ります。それを「ヤタ」すると言います。こちらから「ヤ」の位置で還り、向こうからは、「ヤ」の位置でやってくるのです。やってきたものは一度籠り、そして、ハジマリの位置で現象へと出てきます。それを「コ」と言っています。

このような周期的な法則が、「ヤタノカカミ」に、数のサトリとして示されています。

カツのサトリ

これらの基本的な数のサトリを背景にもちながら声音符はできています。小円をもつ声音符は小円の位置で法則化されています。それをざっとご案内すると、以下のようになります。

ヒの位置に小円が一個だけあるもの、

カ・　ヒ・　ア・　これらはすべて「ハジマリ」という基底思念をもっています。

フの位置に小円が一個だけあるもの、

フ・　ク・　ヱ・　これらにはすべて「振動する　震える　増殖する」という思念があります。

ミの位置に小円が一個だけあるもの、

ミ・　チ・　ウ・　ラ・　これらにはすべて「本質が発生し続けている」という思念が存在します。

ヨの位置に小円が一個だけあるもの、

ヨ・　ユ・　ヘ・　ヲ・　これらにはすべて「トキの発生　変遷する」という思念が存在します。

イの位置に小円が一個だけあるもの、
イ・　シ・　ソ・　ン・　これらにはすべて「トコロをもつ　現象になる」という思念が存在します。

ムの位置に小円が一個だけあるもの、
ム・　オ・　これらにはすべて「立体化する、仕組みができる」という思念が存在します。

ナの位置に小円一個だけがあるもの、
ナ・　ニ・　これらにはすべて「繰り返す　周期性が生まれる」という思念が存在します。

ヤの位置に小円が一個だけあるもの、

ヤ・　ス・　ヌ・　これらにはすべて「極まり、籠る」という思念が存在します。

小円が一個しかないものは、四十八個の中で、二十五種存在しています。それらは、小円の位置でつながり合っています。これがカタカムナ的、数　カ・の、ツ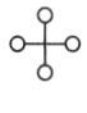の仕組みです。

カムという潜象から、カ・がどのようにしてあらわれ出て、そして、どの段階で、どのようになっているのかを示している。カタカムナではとても大切な法則《コトワリ》です。ただ、ここまで説明してきて、言葉にして説明すると、足りない「何か」が存在していることに気づきます。この仕組みを伝え尽くすには、圧倒的に紙面に記す言葉のチカラでは圧倒的に足りません。文章という言葉にしてしまうと、定義してしまうことになります。この世界を作り上げているモノも、この世界も、動き続け変わり続けていますから、ここで決めつけてしまうと、真のカタカムナではなくなってしまいます。

ですので、あくまでも定義づけをしているだけだと思っていただきたいのです。

みなさんの感覚で感受し、できれば声音符、図象を書いたり、ウタヒを歌うことで、

「ナ」慣れる、習う、流れることが発生し、それがだんだんと極まると、みなさんの中に籠っていたものと相まって、新しい何かが生まれてきます。

それこそが、カノツというサトリを体感することであり、カタカムナの本質を知ることであり、また、潜在的にもっていたものを発揮することへとつながります。

第6章

マノスベ、すべては変わり続けている

すべての声音符が並ぶ五首、六首

「ヒフミヨイ　マワリテメクル　ムナヤコト　アウノスヘシレ　カタチサキ」は、第五首、

「ソラニモロケセ　ユヱヌオヲ　ハエツヰネホン　カタカムナ」は、第六首です。

実はこの二つのウタヒは、四十八音という声の音符が重複せず綺麗に並んでいるウタです。

一般的にこの二つのウタヒでヒトツのように扱われています。この二つのウタヒは、「そうであるモノ・現象」と「そうさせているモノ・潜象」という図式に相似しています。つまり、第五首が現象界、第六首が潜象界で、この二つのウタこそ、カタカムナという公式を示しているのではないかと思います。

第五首

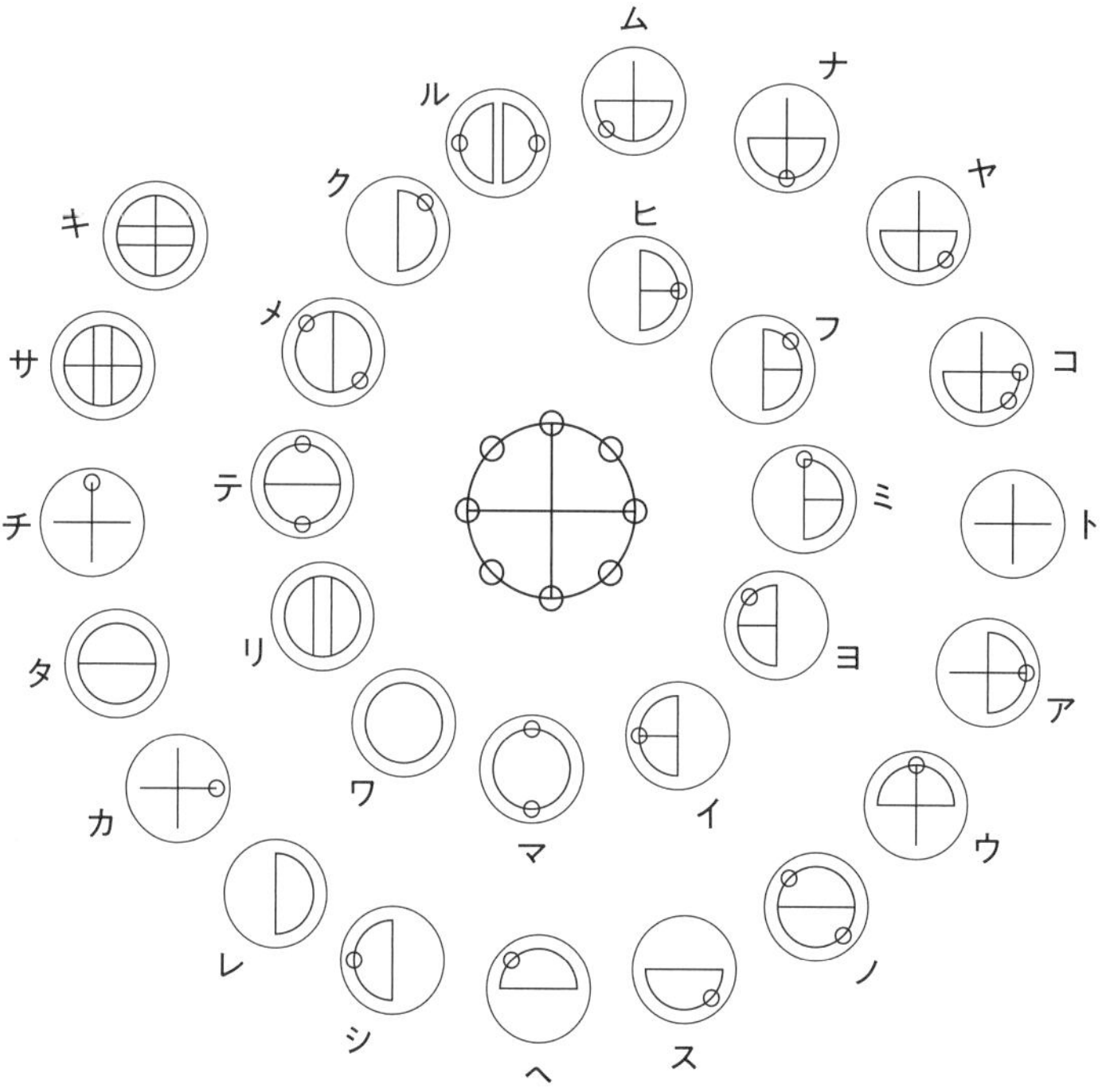

第六首

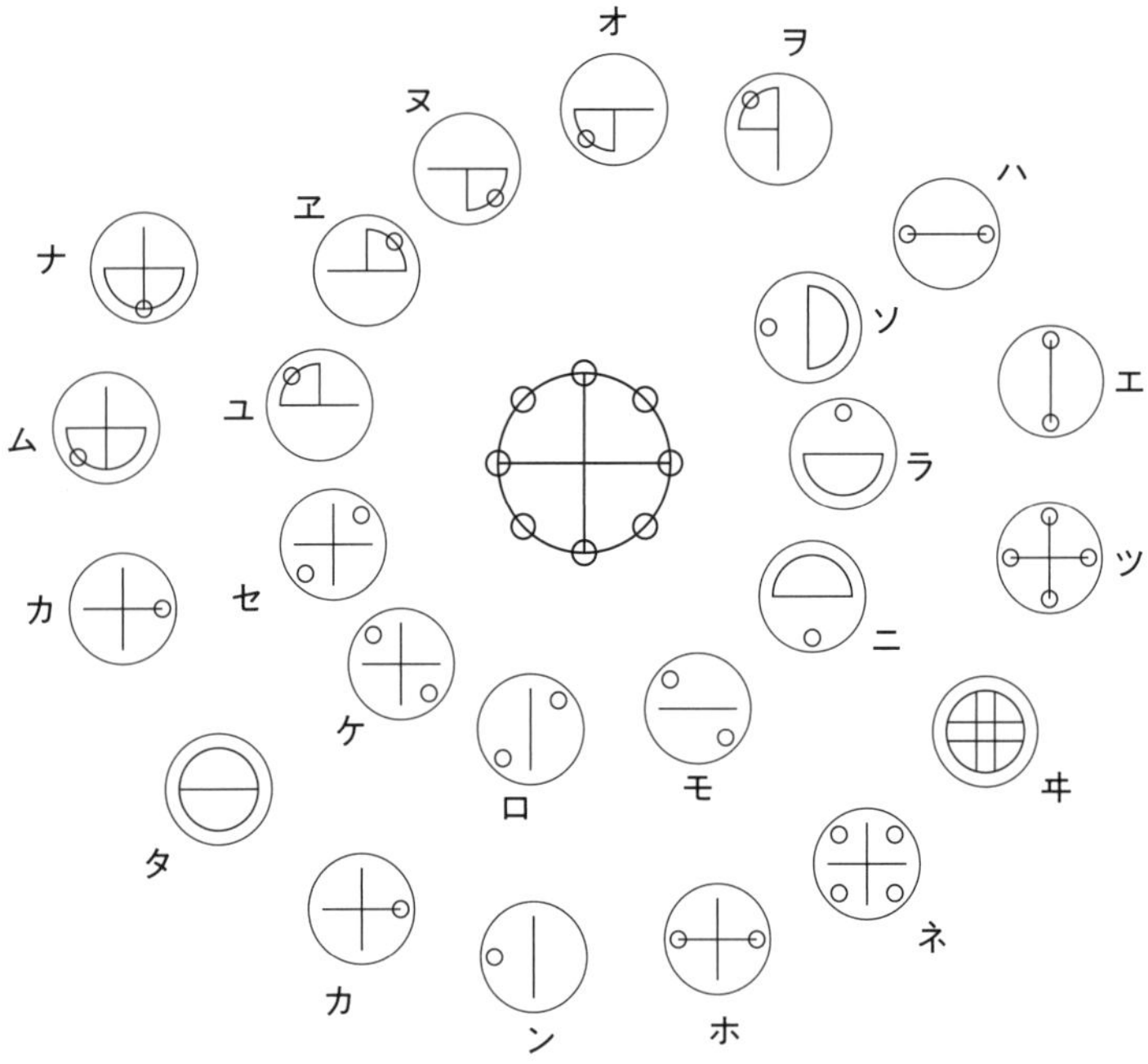

同じようなカタチで有名なウタが日本にはいくつかあります、そのうちの一つが「いろはうた」です。いろはうたは四十七音です。カタカムナの四十八音から「ン」が抜けています。

また、「あいうえお」は五十音と言いながら、実は四十六音です。カタカムナから「ヱ」と「ヰ」が除かれています。

こうみていくと、カタカムナ四十八音が基本形のように思えてきます。

第五首・第六首のカタカムナウタヒが示している四十八音は、重複しないように並んでいるだけではなく、命の始まり、変遷を、声音符の並びで伝えていることに気づきます。変遷ということは、何かを捉えようとしても、すでに捉えようとしているものはそこにはなく、どんどんと移り変わりをしていることを表す言葉です。命とはそういうモノであり、このウタはこの世界にあるすべてに通じる仕組み（コトワリ）を示しているウタといえるでしょう。

このウタだけではなく、カタカムナのウタは、どれも深掘りすればするほど宇宙哲学に触れるモノですが、このウタはとくに、シンプルな中にたくさんの情報が織り込まれています。

楢崎皐月氏は学会誌の三号の中で、このウタのことをとてもシンプルに説明しています。

「天然自然の諸現象の成り立ちを示すヤタノカカミ図象の、横線を地平線とすれば、縦線は中央に人が立って見ていることになる。ヒガシからヒが昇り、上の半球はヒル、下の半球はヨルをあらはす。

ヒフミヨイ　マワリテメクル　ムナヤコトとは、ヒガシの日の出のところを「ヒ・」とし、そこから順に「フ・　ミ・　ヨ・　イ・」と「マ・　ワ・　リ・」、「メ・　ク・　ル・」ことにより「ム・　ナ・　ヤ・　コ・　ト・」と文字を作った、表面は造語のコトワリを述べている」

モノが回転していることを思えば、ただ、一方の方向に回っているだけなのに、ヒフミヨイとムナヤコトは違う方向を指向していることになります。

声音符の小円の位置を見てみるとわかります。ヒフミヨイの小円は向かって右から左へ、ムナヤコトの小円は左から右へと進んでいます。地球や、太陽、すべての天体がマワルということは、同時に、正と反という正反対の方向を指し示していることを「ヒフミヨイ」と「ムナヤコト」の動きから見ることができます。

このことは、カタカムナの根っこになるサトリ、「正反対向」というコトバの説明にもなります。

すべてのモノは正反というものが対になって向き合っている。月と地球　地球と太陽　太陽と天の川銀河　天の川銀河と大宇宙、これらも相似形で、中心に向かうチカラである重力と、それとは反対のチカラになっている斥力が、対になって引き合っていることで、すべてはマワリテメクルしています。

今いる場所が昼であれば、反対側は夜です。今見る朝日は、反対側にいる人にとれば夕日です。北半球が春を迎えれば、南半球にいる人は秋を迎えます。正反性だけではなく、「正反対向発生」ですから、対になっていることで発生するものが存在するということを忘れてはなりません。

マワリテメクル

マワリテメクルというのは、自転することで公転が起きてくることを示しています。くるくるとマワルことは、春夏秋冬という季節がメグルを起こしているのです。マワリという動きは、メグルの元になっています。

「最初が肝心」という諺《ことわざ》がいっているようにやはり、マワリという短い周期に元が存在します。つまり、一年の計は元旦にあるわけです。

マワリという、昼が夜になり夜が昼になりながら、春が夏になり、夏が秋になるメグルが起きています。

マワリテメクルすることで、ヒフミヨイムナヤコトという数の法則を作り、この宇宙の中ですべてが、関係性を結びながらつながり合っていることを表しています。

カムナといえるミナカに、ヒフミヨイムナヤコトという法則がなされると、アウノスヘシレという現象の世界で、すべてのものが関係性をもって進んでいくことが描かれています。

スベルとは、統べるにも、総べるにも、術にもつながります。これが、メトロノームの共時性にもつながります。一つというたったヒトツは、「ヒ」というハジマリによって、統べられているのです。トは、統合を示していますから、まさに統べって現れるわけです。

自分探しをしても、何も見つからない。なぜなら、自分は無であるから、自分のことを何もないと知った途端に、それが元となって、つながり合っているものが自分の周りに集まってくることを統合、ヒトツとも言います。

それは日本語にも表れています。一つのことをヒトツと言いますが、ひとまとまりのこともヒトツと言いますよね。そんなふうにアウノスベと、合わせてきたものたちがヒトツになり、螺旋状に進んでいることを、ヒフミヨイ　マワリテメクル　ムナヤコト　アウノスヘシレ　カタチサキ　と謳っているのです。

「ヒフミヨイ」という、楢崎皐月氏のいう昼には、「イムナヤコ」という夜が存在します。この二つが「合う」しているのが現象の世界で、それ故に変遷しています。その「スヘ」術は、生まれて消えていく「シレ」だと言っています。

この正反性、対向性、というペア性は、カタカムナの基本法則で、どちらが先とか後ではなく、一緒に共に立ち上がっています。

昼と夜、男と女、春と秋、右と左、上と下など、この世界はすべて正反というペアになったモノたちで溢れています。この両方向にあるモノが、動きながらバランスをとり、動的均衡を保ち、現象を成り立たせています。

この正反にひらかれた世界の存在は、カタカムナの代表的な仕組み（コトワリ）である「カタというそうであるモノ」と、「カムナというそうさせているモノ」につながります。


六首に入るとソラニモロケセ、と始まりますが、「空」のように、どんなに手を伸ばしても届かない、届いたと思ってもそのまた先に空が広がっているように、今の状態から・逸・ソれて現れているものを「ソラニ」と言っています。

つまり、五首で回転した軌道から外れたことを示しています。逸れた後、この六首は性質の変遷を謳っているものへと変化します。今までの五首とは見ている位置が少し違う視点へと変化していきます。

ソラニから「モロケセ」「ユヱヌヲ」と続きます。これは、四つの音が二組のセットになっているようです。そして、「マワリテメクル」のように「ハエツ　ヰ　ネホン」と、七つの声音で再度、仕組みを示されているのです。

「モロケセ」は、モロ消せで、すべて消せという意味で捉えられていますが、「モ・」と「ロ・」、そして「ケ・」と「セ・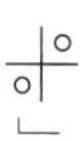」をよく観察すると、まるでモロケセと回転しているように感じませんか？

　モロケセの小円の動きを見ていると、これまでの「ヒフミヨイ」の回り方とは逆に回っていることに気づきます。この後の、ユ・　エ・　ヌ・　オ・も同じように、逆回りになっています。

　であるなら、前に戻って、ソ・　ラ・　ニ・を確認してみると、ソラニの小円も、ヒフミヨイの回り方とは逆に回っていることがわかります。つまり、この第六首は、第五首の回転とは逆に回っているのです。

　第五首は時計と反対回り、第六首が時計回りです。いちばんイメージしやすいのは、地球です。北半球に住んでいる私たちと、南半球に住む人々の季節は反対になっています。そして、何より、北半球では、渦は反時計回りであり、南半球では渦が時計回りになっています。身近に感じるのは、お風呂の栓を抜くときにできる水の渦巻きは、北と南で反対になっています。

コリオリのチカラ（地球のように回転する球体の上で、移動する物体に直角右向きに働いているように見える見かけの力。転向力ともいう）として有名なお話ですが、このコリオリのチカラは、ささやかなものに対しては発揮しない場合もあり、お風呂の栓を抜くときにできる水の渦巻きは、それには一致しない場合もあるようです。台風などは、完全にこのチカラと一致しますので、私たちが見慣れている台風の軌道と、南半球の台風の軌道は合わせ鏡のようになっています。面白いですね。第五首が北半球なら、第六首は、南半球となります。

このように、この五首と六首は、お互いに正反対に向き合い、何かを生んでいることになります。例えば、北半球と南半球が向かい合い、地球の回転を生んでいるように。

さて、モロケセ　ですが、小円の位置で見ていくと、「モ」と「ケ」、「ロ」と「セ」が同じ位置に小円があり、ペアになっているように見えます。線で見ていくと、「モ」と「ロ」、「ケ」と「セ」が、一本線か二本線かで、ペアになっているようです。ややこしいのですが、これもカタカムナの本質を表しています。

一つの声音符に、一つの仕組みが存在しているのではなく、重なり合っているのです。小円の位置で見ると、このグループ、今度は線で見てみると、このグループに存在するというように、絡み合いながら、その存在を規定しています。

女性が、旦那さんといると奥さん、でも、子供関係の中では、お母さん、そして、実家に戻ると長女というように、いろんな顔があるように、声音符にも、さまざまな顔が存在しています。

その顔を、大円・小円・半円・四半円・一本線・二本線で、カテゴリー分けしたり、それぞれを組み合わせて大まかな一つの思念を成り立たせているのです。

つまり、〇〇家の長女だけでは、その人を示すのに何かが足りないのです。〇〇家の長女であり、〇〇氏の奥さんであり、〇〇君のお母さんというのが、その人の本質ですね。その中の一部を取り出して、モとロ、ケとセは同じとしています。また別の一部を取り出して、モとケ、ロとセは同じということなのです。

何かを取り出すと、そうでないものは背景に回ります。〇〇君のお母さんを取り出すと、〇〇家の長女と〇〇氏の奥さんは背景、後ろに隠れるということです。ですから、出している顔の背景を認識することができたら、取り出した一面だけではなく、後ろに隠れているすべての情報から、そのものを見ることができるようになります。それが、カタの中からカムナを見るということであり、本質を捉えるということになります。

そのものを捉えられたらどうでしょう。つまり、うわべの情報ではなく、その本質であるカムナを受け取れたら、あのメトロノームのように共時性へとつながります。宇宙や地球の本質があたりまえのようにわかる、カタカムナ人はこの壮大な視点をもっていました。

そうでなければ、宇宙的なこのウタヒを生み出すことはできないはずです。地球にいながらにして、まるで、宇宙から地球を見ている視点をもっていたのです。けれど、よく考えてみると、私たちにもその視点をもつことができるはずです。

私たちと彼らの違いはたった一つ、そのものという現象の背景にある潜象を忘れているだけです。現象という世界と潜象という世界の関係性ですべてが成り立っていますから、私たちも、すべての関係性の中に存在しているのです。

例えば、量子力学が精神世界に入ってきてからよく言われることに、

「その人がそう思えばそう」

「その人がその世界があるといえばその世界はある」

というものがあります。

私は、それは正しいけれど、何か違和感を覚えていました。カタカムナを知ってか

ら、その考えの中には、閉じた関係性というモノがあることに気づいたのです。
私は私の中にある宇宙と、私の外にある宇宙が折り重なった部分にある存在です。その存在は、共通する宇宙にある人々や、さまざまなものとの関係性で成り立っています。だからこそ、違和感や否定的な事柄は、いつも存在を反転させるカタライザー（触媒）であることを思います。

　つまり、第五首でカタチサキし、形作られたものは、絶えず反対の動きである、モロケセで、閉じた関係から開いていけばいいのだと、その術を伝えられているのです。

　素敵なウタヒだと思います。

　閉じたものと、開いていこうとするもの同士が、バランスよくマワリテメクルしだすと、「ハエツ　ヰ　ネホン」へと移行します。ハエツという語感は、何やら生えていく、反影が反映し、繁栄するように感じます。

　ヰという図象は、ヰ・です。これは、井戸の井と同じ形ですね。真ん中に穴があいているように見えます。見えない地下への戸がそこにあるようです。両サイドに回り出した回転は、チカラが集まった部分に穴をあけていきます。そして、穴で反対の世界とつながるのです。

　ハエツしている世界と、ネホンという反応する世界が、ヰでつながっていることを示しているのが「ハエツ　ヰ　ネホン」の世界観です。大きくハエツすれば、大きく根っこの方もネホンするのです。

ホは以前にも言いました。現象と潜象をつなぐことでエネルギーが流れる、生まれる、でしたね。親和性と言います。見えると見えないが、親しく手を結び、和している状態です。「ン」は確かに見る、強める音ですから、親和性を確かに見ている世界が、潜象です。

ですから、反対の世界になり得るのです。反になることで、対になります。正という世界のみでは、対にならない。境目はできないので、新しいものはまったく生まれません。そして、反対の世界が始まることで、反応が生まれます。

正の世界の現象から送られてくる刺激に、必ず反の世界は応えてくれます。意識という現象が、潜象界に刺激し、その反応で次の意識、現象が生まれます。まさに、両界がつながり合いながら、世界という存在を作り上げている、それを、ハエツ　ヰ　ネホン　と言います。

また、この「ヰ」という図象は「鳥居」を象徴しているとも言われます。鳥居をくぐり抜けて、私たちは、潜象の世界であるイノチの発生の高い場所に入ります。その場でたくさん呼吸をして、その場に存在するイノチの種をいただきます。そして、その場からまた、鳥居をくぐり抜けて現象の世界に戻ってきます。

神社というヤシロの向こう側で、さまざまな御神託を受けている現実は、その場が潜象という世界と近いからでしょう。

潜象という場所に音を響かせるのが祝詞です。祝詞の中には、空間を刺激する音が多く存在しています。祝詞の中に出てくる神様のお名前は、カタカムナウタヒの中にも存在し、モノの理を伝えています。

モノの理は物理ですから、その神様の名前も物理の法則です。潜象に近い場所で、物理の法則を音にする、その音が刺激となって現象を立ち上げていきます。潜象に近い場所で、音にしてみる、周波数にしてみる、これなどもカタカムナのスベといえるかもしれません。

カタカムナは量子論

さて、カタカムナの声音符が並んで出てくる第五首、第六首ですが、私にカタカムナをお伝えくださったフルヤマアキヒロ氏はこのように書いています。

「これがなんと量子論につながるのです。エネルギーから渦が発生し、実体の時空間を作り、その中で電子波が飛び交っている。ヒフミヨイまで行くとムナヤコトと反を回ることを繰り返し、アウノスヘシレで超高速で点滅する実体となり、実体同士が互いに交換しあって重なり合い方向性をもって特定の質量が決まる。その重合のスベを知りなさい。物質が空間に還元して消えるのは、潜象の世界から現れる、物質を消そうとする反のエネルギーが強く働くからである。それらが超高速に点滅するのは、正反のエネルギーバランスが取れていることでもある（動的平衡）。

ユヱヌオヲというのは、逆に潜象世界から現れてこようとする正のエネルギー粒子がどんどん界面に集積しているのは理屈じゃない（と示している言葉だ）。正反のエネルギーが絡み合いながら進むと、枝分かれが起こり、それに伴って潜象に根が伸びて張り巡らされていくのが根源である。

カタカムナとは　たった五文字でエネルギーが潜象エネルギーの中から何度も何度も現象界に飛び出してくることが根源であり、潜象現象どちらにもつながっているのがすべての根源のもとでカタカムナである」

なかなか難しい解説ですが、ここまでご説明してきたことで、何となくこの難解な言葉が伝えんとしていることを受け取っていただけたら幸いです。

つまり、このウタヒには、カタカムナのカタである現象と、カムである潜象がどのようにムスヒしているのかが示されているということです。

結果、この二つのウタヒは、楢崎さんのいわれている「天然自然の諸現象の成り立ち」を示しているということになります。

正反対の世界が存在している。

まとめ上げていく現象と、それを解いていく潜象。

私たちはまとめ上げていく現象の方向しか見ていません。というか、反対の世界を見ようとする見方を知らないのです。

今年から鹿児島という土地でもカタカムナ講座をさせていただいています。そこに参加いただいているひとりの方は、「最初の頃は平面で捉えていたのでカタカムナで教えられることがまったくわからなかった。けれど、半年経った今は、この世の中が立体で動いているということがわかってきて講座の中で語られることがようやくわかるようになりました」と、伝えてくださいました。

思えば私自身もそうでした。人生において無駄なことは一つもないと頭ではわかっていながら、起きてくる事象を平面的に見て対向が対抗になっていました。それでは抗《あらが》うことばかりで苦しみばかり生み出す結果を作ってしまいます。平面から立体的にものごとを見ることができるようになれば、ものごとは立体的に起き上がり、対抗はお互いに向き合う対向になります。

平面という幅しかない世界から、高さのある世界が生まれたとき、幅の中にあるさまざまな高さが見えてきました。その事象が起きた背景がありありと浮かんでくるのです。それこそ、第五と第六の歌が示してくれている現象の背景には、反の潜象があるという、この世を作り上げている世界の仕組みが見えてきます。これは、二つのウタヒがもたらしてくれている宝だと感じます。

ちなみに、タカラを図象にすると、神、上、カミと同じ図象になります。日本語は本当に美しい言葉です。カタカムナ人は、日本語の四十八音は、生命が生まれ変遷していく様子を、順番に掲げた壮大な生命創造の音であることを後世に遺してくれたのです。

カタカムナに濁音はなかった

仕組みの最後は濁音の説明に入ります。

カタカムナの時代である古代にはおそらく濁音はなかったのではないかと思います。カタカムナのウタヒの中に濁音が登場しないからです。

例えば第一首のなかにヒヒキという言葉が登場しますが、これは、確かに響、ヒビキですが、ヒヒキと書かれています。

こういう言葉が他にもいくつかあって、なるほど古代には濁音はなかったのか、と思いあたります。おそらく、彼らの中から見えていたものがだんだん見えなくなってしまった人々が現れたために、濁音を使用し始めたのだと思います。どういうことかということ、濁音というのは音で表れた現象が、ものすごくたくさん発生していることを示しています。

例えば、響であれば、最初のヒが響いたことで、その場に、ものすごくたくさんの響きが出てきたことを示しています。発生したヒと同じようなモノが、その場にどんどん満ちていくことがカタカムナ人には見えていたのだと思うのです。

お互いがその場を共有するときには、説明する言葉は必要ありません。ただ、多くのものがそこに発生していることを確認すればいいだけです。けれども、その場を共有できない人々が現れてきたとき、同時にたくさん出てきていることを示すために濁音が生まれたのでしょう。

さらに言えば、濁音がついていなかったウタに濁音を付けたのは楢崎皐月氏です。現象界で起こっている現実的な事象に照らし合わせて一つ一つ吟味しながら濁音を音に付けていったのではないかと思います。

ヒヒキであれば、ハジマリのヒが、潜象から数え切れないほどのヒを引っ張り出してきていることを濁音で示しているということになります。

カタカムナ人はおそらく今私たちが想像している以上の、とても小さな数限りない現象性を見ていたのでしょう。響はたった一つの始まりが、例えば大雨の雨粒のように、次から次へと現象の事象を、見えない世界から引っ張り出していることを示していることになります。

日本語には響以外にも、地震、地面、我慢、自信、神神、水、鏡、など日本語に濁音がつくものは山のようにあります。濁音に触れるとき、古代人がそこにたくさんの命の発生があることを伝えていることがわかります。

濁音にも一つのストーリーが存在していますが、これも、言葉が物理であるということにつながるのではないかと思います。

マノスベシ

カタカムナ文献の第一首は、

「カタカムナ　ヒヒキ　マノスヘシ　アシアトウアン　ウツシマツル　カタカムナ　ウタヒ」

というウタです。すべて声音符で綴られ、中心にはミクマリ図象が置かれています。

「カタカムナ　ヒヒキ」ですが、ここでよく考えてみましょう。

このコトバは、見えているモノの中に、潜象につながる部分がありますよ、と言っているわけですから、つまり、それは見えている「現象」のスガタを伝えています。現象というモノの中に、潜象という「見えない」としている部分が存在している、ということを八十あるウタヒのいちばん最初に声高らかに宣言しているのです。

カタカムナですから、カタの世界からカムを、つまり、見えない場所から「見える」を捉えるのではなく、見えている世界の中から「見えない」を発動させなさい、と言っているかのようです。どのようにして？　という問いかけの答えとして、両界を結ぶ結び目は「ヒヒキ」という状態になっている、と続きます。

ヒヒキとは、現象側の「ヒ」が潜象側の「ヒ」を抽き出してくるということです。つまり、現象というのは、響きによって起きている、ということになります。

ですから、祝詞やお経、お祭りのお囃子、讃美歌、歌は常に現象を生み出すためにあるのです。カタカムナウタヒも、もれなく現象を立ち上げる響きであることになります。

今、私の周りには、カタカムナウタヒ八十首を最初から最後まで通して、朝晩歌い続けている人たちが少なくありません。

おそらく最初は、そうしたら何か自分にとって「良いこと」が起きるのではないかと思って始めたのだと思います。が、今となっては、歌わないと気持ちが悪い、歌うことでとても気分がすっきりとして、さまざまなタイミングが良くなった、という方が多いようです。響きである音が自分を変遷させ、自分を取り巻く空間を変遷させているのです。

そして、ある一定のヒヒキのエネルギー量が閾値《いきち》に達したら、それと似たような現象が別の場所で立ち上がるよ、ということをも示しているコトバでもあります。

ここにある「ヒ」が、別の場所にある「ヒ」を立ち上げていく、というような感じです。それが、マノスベであるよ、とウタヒは続いています。

マノスベの「マ」とは、いっさいのモノのハジマリを示すとても大切なコトバのヒトツです。現象のモノですが、その存在は曖昧ではっきりしていません。ある意味、中和的に存在しているモノです。そこに絶対値はなく、なのに構造だけは存在している、という摩訶不思議なモノです。

とても捉えにくいものですが、なぜだか、日本語にはこの「マ」を使ったコトバが多いのも特徴的です。

「間に合う」「間がいい」、逆に「間が悪い」「間違い」「まとまり」「あい間」「間が延びる」「間が抜ける」「間を置く」「間が持たない」「間を逃す」

などなど、数え上げたらキリがありません。

確かに、この「マ」は目には映らないものです。が、そこにはちゃんと何かがあるのです。本質的には「マ」とは、電気性は定かではないが正反性はある。正反というのがあるのに、まったく確定していないので、外部からの刺激でさっと次の段階へどんどん変化していくものといえるかもしれません。

カタカムナ　ヒヒキに続いて発生する「マノスベ」とは、「マ」の扱い方を伝えているのです。わかりにくいのに、古代人はこの「マ」を利用した形跡があちこちに存在しています。

私たち現代人には、どうしてそうなのかわからないものがあります。例えば、祭祀に利用した土の中に埋められている土器や、わざわざ、安全な住まいのある山の中から平地に出てきて、原を使って展開した祭祀の跡、土の中に埋めた土器、わざわざ山の中から原に出てきて祭りをしたのは、その場所に天と地をつなぐに適した土地が存在しているからです。

つながりやすい場所、それは、とても電気活性のよい場所です。そんな場所で祭りをすることで、活性している電気を体で受け取り、人間の健康を保ちながら、その場所の周りの環境にさえも豊富なエネルギーを立ち込めさせたに違いありません。

伊勢神宮の遷宮にしても、新しいマを誕生させる神事という側面もあるように思います。伊勢の遷宮も、すべての社を建て替えることで、伊勢地域は大きなエネルギー変遷の場が出来上がるはずです。建て替えという人間が起こす刺激を、活性力のある「マ」に与えることで、環境がすぐに変遷するということは、空間が細かく振動し、次々に相を変え、変遷していくということにつながります。

伊勢にある多くの社を二十年ごとにすべて入れ替えることで大変遷を立ち上げ、そこに来る方々は、活性力のあるエネルギーに満ちた場に、自分のエネルギーを細分化し、新たに組み替えする手助けをしてもらっていることになります。

イマというマを潜象の世界に響かせると、二つの世界は重なり合い、想像を遥かに超えた新しい状態が自然に発生してくるのです。それが「マ」のスベなのだと伝えています。

スベとは、今も使われている「術」に、また、「すべて」にも「統べ」にもつながります。それがこの世界の術であり、すべてなのだといっています。

「マ」というものが、「ノ・変遷する」と、「ス」と「ヘ」に細分化するよ、細分化していくということが、変わっていくことだよ。と伝えてくれています。

大きなものが、大きなまま風化していくのにはとても時間がかかります。が、大きなものを音・響きによって細分化させると、あっという間に変遷という組み替えが起き、すべてのものは大きく変わり続けていくのです。

理解、認識、分析、切っ掛け、など、「刀」という文字が入っている言葉は、理解し難い大きなものを切り刻み、小さくすることで組み代わり、結果、理解できます。「マ」というわかりにくい大きなものが変遷するのは、スベと、細分化することだよというのが、「マノスベ」です。

そのように、摩訶不思議な捉えにくいものへと変遷する部分が、カタの中のカムナであり、カムナは響きにより変遷し、すべてを生み出しているのだと、ここでカタカムナ　ヒヒキ　マノスベシと宣言しています。

古代人が太陽を拝み、月を拝み、大宇宙に手を合わせ、水に、風に、光に、土に、心を添わせたのは、そういったモノの中に、すべてを発生させている根源が存在するということを知っていたからです。

日本語の中にある「おかげさま」とは、このスベさせているチカラのことを示しています。「おかげさまで」という言葉を使うときは、変遷し続け、絶えず組み換えが起きていることに対して、大きな感謝を感じるときです。「マノスヘシ」という変遷を促す響き、その力がこの世界のすべてだとウタヒの最初に届けてくれています。

このあとこのウタは、「アシアトウアン　ウツシマツル　カタカムナ　ウタヒ」と括られています。「アシアトウアン」とは、なんとも不思議なフレーズですが、これは、カタカムナウタヒを使いこなしていたカタカムナ民族の頭領の名前だとされています。名前だとしても、なぜ、この音にまとめたのか不思議ですね。

「アシア」とは、まさに「亜細亜・アジア」です。これは現象になった、という意味合いの音です。ですから、「アシ」というのは、現象の示しである、ということになります。幽霊に足がないのは、現象ではないということかもしれません。

アシアトウアンのアシアトは、足跡ということにもつながります。足跡をここに残しておくから、後からきた人（現象に生きている人）はその足跡に、自分の足跡を重ねていけば、必ずカタカムナ人のような、大宇宙の中で生きる民族と同じ視点をもてる場所にたどり着くことができるよ、というのです。

そのあとに続く、「ウアン」というコトバも、生まれる瞬間を感じさせるコトバです。

「生まれる現象」を強調する、という意味合いが感じられます。アシアトウアンは、足跡を重ねていくことで、残した足跡が現象へと躍り出す。残されたままで、そのままだったら……そのまま、ありのままで、存在しているだけですが、そのうえに足跡を重ねていくことで、それを明らかな形にしていくことができます。

ですから、カタカムナ人はアシアトウアンという形を、次世代へとつなぐために、いつも足跡をどこかに残し続けてきたといえるのではないかと思います。

アシアトウアンを思うとき、いつも、傍にそっと添え物になっているようなものを感じます。それは、表に出よう出ようとしているのではなく、もしかしたら、消えてなくなってしまうかもしれないけれど、ここに足跡を静かに残しておくから、気がついたら、そこに足跡を重ねていけばいい。

でも、もし、誰も気づかなくて足跡がなくなっても、この足跡は、遠い未来にそれを感じる人が出て来たときのために、「生まれる瞬間」をカムの世界に響きとして、消えないように残したというように感じます。

このように、カタカムナウタヒというのは、面倒なほど、ヒトツのフレーズに山のような情報が込められています。自分の意識が深まれば深まっただけ、その情報は響き出されてきます。言葉の中にある「情報」を知ることで、「ヒヒキ」は変わります。

カタカムナ人はそのことを知っていて、たった一つの言葉に多重に意味を重ね合わせているのです。

あなたはどこの相に到達している？　ようやくここまで来たね。さて、これはまだまだゴールではないよ。と、足跡はさらにさらに上へ上へと続くのです。足跡をたどっていけば、彼らの智恵ある場所に届く。カタカムナ人の頭領の名前である、アシアトウアンという不思議な響きには、目が覚めるほど強くも潔いエネルギーが乗り続けているように思います。

マノスベに続くコトバが、「ウツシ　マツル」です。ウツシマツルとは、素直に現代の感覚で読めば、「写し祀る」です。

少しだけ斜めから読んでみると、「ウツ　シマ　ツル」になります。渦と島、言い換えると、渦という波動性と、島という粒子性です。ツルとは、その二つを統べるというわけです。その二つで現象化は起きている、ということをいっています。

今の量子論が捉えている、光の存在は、粒であり波であるということに相似形です。また、シマとは、「マの示し」です。このことから、「マ」は、波動性と粒子性の両方をもっていることを伝えています。また、渦は「カ」と読むこともできます。確かに、渦の発生とは、エネルギーの発生であると言い換えることができます。

渦の示しはエネルギーであるとしながら、カタカムナウタヒはすべて渦巻きの状態で表されています。

彼らは、それ自体にエネルギーという「カ」を残したのです。

「これを見てごらん、エネルギーを感じるだろう。

このウタヒにはこんなエネルギー、そしてこのウタヒにはこんなエネルギー、八十全体をまとめてみると、君はどんなエネルギーを感じるの？」

と普通じゃない渦巻き書体が聞いてくるように思えてきます。

渦のチカラを感じなさい。これこそまさに、ウツ　シマ　ツルなんだと。

そして、最後のフレーズは、それを今から「カタカムナウタヒ」としてウタヒあげていきますよ。という言葉が続きます。

ウタヒという図象は、「カミ」と同じ図象になります。ウタヒはカミなのです。けれど、このカミは、私たちが認識している「神」という意味だけではありません。ですから、カミというものの本質を伝えますね。とハジマリのウタを締めくくり、次の第二首のウタヒに続きます。

八十のウタヒは前と後ろ、あるいは上と下が連結して、関連しながらヒビキ続けていきます。ウタヒとは、ウタのヒです。

ヒとは始まりであり、元でしたから、このことから、最初のウタが「ヒ（元）」となり、次のウタを「ヒキ」だしているということです。このように、ウタヒは全体的につながりながら存在していることになります。

第7章

ヤタノカカミ、フトタマノミミコト

ヤタノカカミ　八咫鏡

第一首は「ミクマリ」図象を真ん中に置いています。ここからすべてが発生する。そんな意味を宿した中心図象は、この第一首からすべてが始まると伝えています。

二つ目のウタヒは、「ヤタノカ　カミ　カタカムナ　カミ」と綴られていきます。この第二首はこの十三音だけです。とても短いコトバの中に大切なサトリが存在しています。中心図象はカタカムナ図象。このフタツの「カミ」の存在で、この世界のすべてが成り立っていることを示していることが謳われています。

カタカムナウタヒの中に存在している神は、「ヤタノカ」というカミ、そして「カタカムナ」というカミの二神であるとしています。「カミ」を、神だけではなく「上」に変化させると、二神は二上《フタカミ》となり、なんとなく違った感覚になります。

さて、そのヤタノカカミです。

これは伊勢神宮の御神体になっていますから、ご存知の方も多いかと思います。古事記の中では、天照大神が天岩屋に隠れたとき、そこから出てくるように、石凝姥《いしこりどめの》命《みこと》が作ったという鏡が一般的には八咫鏡として知られています。

八咫鏡の咫とは、女性の手のひらを開いた長さなので、「八咫」とはそれが八つ集まった長さということになります。だいたい四十六センチほどとされていますが、この四十六センチぐらいの神鏡が、福岡の平原《ひらばる》遺跡でイツツも出ています。

遺跡の側の博物館で学芸員さんに聞いた話によると、今の技術を使っても、出土したモノと同じに造ることは不可能だということでした。それらはとても薄い鏡で、あれほど銅を薄く伸ばしたら鏡は破れてしまうと教えていただきました。

博物館には、現代の技術でできた鏡も展示されていましたが、それでさえ結構な薄さです。それより薄い鏡をどのようにして造ったのか、いまだに謎のようです。

この「薄い銅」というのは、楢崎さんが吉林で逢われた蘆有三のもっていた「薄い茶釜」に相似します。蘆有三は日本にその技術がある、と言われていたのですから、それがこの古代の鏡に通じるとしたら、その謎が解けそうですね。もしかしたら、現代人にはわからないような製法があるのかもしれません。

さて、女性の手の平の長さを「咫」としたということですが、これにもとても興味深い繋がりがあるように感じます。

「テ・」という声音符を見ると「タ・⊖」の上下に小円が位置しています。また、「マ」という声音符も、この二つと同じ仲間のようによく似ています。「タ」という声音符は、「分離する」とか「独立する」などが基本の思念になっていますが、何故、分離し、独立するかを考えたとき、現象というハジマリの場面である「マ」には、小円が示す方向性がまだ定まっていない摩訶不思議な状態から、フラフラ、パタパタ、ヒラヒラした状態で回転していると、そのうちタという「分離・独立」が起きてくることを示しているのではないかと思います。定かではない「マ」には極性のようなものがありますから、それが「テ」になっていったことがイメージできます。

ここには、女性の手の平がヒラヒラと回転するように、現象は起きていくことが隠されています。カタカムナ図象、通称「ヤタノカカミ図象」の八個のポイントすべての部分で、このヒラヒラが起きていることが「発振」という「ヒヒキ」につながり、現象を生み出していくということになります。

これが男性ではなく女性の手の平であるというところがキーワードです。現象を男性性の表れとすると、現象を起こすものが女性性の表れとなります。これをカタカムナ用語で「サヌキとアワ」といっています。

男性性のサヌキが示している現象の発生には、女性性がもつアワせていくチカラの存在が必要である、つまり、ヤタノカカミの八つのポイントすべてに発振を生んでいくことをアワ性、アワ性により現象が生まれることを男性性であるサヌキとしているのです。

ヒフミヨイムナヤと、すべての位置で発振が起きることで、「ヒ」は「ア」という「在るモノ」に変化していきます。そのためには、女性の手の平を八つほど集めた場が必要なのだと伝えています。

ヤタノカカミですが、カタカムナ的には「ヤタノカ　カミ」です。すべてのポイントで発振している「ヤタ」とは、そこが行き着く形、極限となり変遷して行きます。すべての部分の振動が一杯一杯になったら、現象に出てくるということです。

ヒラヒラと書きましたが、そんな悠長な状態ではないかもしれません。「ヤ」の位置は飽和状態ですから、ギュウギュウの中でヒラヒラするのです。それが「ヤタノカ」として「ヤ」の部分から変遷して出てくる。

この「ヤタノカ」である「カ」が「ミ」になることが現象化です。そうなると、現象物になっているものはすべて「ヤタノカ　カミ」です。ですから、それが、「カタカムナ　カミ」ということになります。

最後のカミをよく見ると、声音符ではなく、図象符になっています。この「カミ」という図象符は、八十のウタヒの中で初めて出てきた図象符です。この図象を楢崎さんは、「アカ」でもなく「ヒカリ」でもなく、「カミ」と読みつけました。

最初に出てくるということは、カタカムナ人にとっては、とても大切なコトバであると言われていて、図象符の作り方を示しているのだとされていますが、ただそれだけではないような気がします。

マノスベ、発生が生まれる場

ヤタノカ　カミという、現象側に出てくるものは、とても細分化されて出てきているもの、そして、カタカムナ　カミという現象物は、カミがすでに組み合わされているモノなのだといい、そのうえでヤタノカが、現象物に関わり組み替え変遷させ続けている存在なのであると示しています。

カタカムナカミとは、すべてのポイントが存在し、発振をし続けているという「場」があることを伝えています。すべてのポイントが発振状態になり活性するということは、「ヤタノカ」が生まれ続けるということです。逆に言えば、発生しないということは、どこかで消滅し、場は生まれないということになります。

日本の国が八百万の神や、八千代というように、「ヤ」をめでたいというのもここからきているように思います。場が生まれることで、次の展開が生まれる。実は、場の発生は、周りにあるすべてのモノへの影響力をも含んでいることになります。どんどん広がり続けていく世界、どこまでも広がり続けていく点滅状態の電光掲示板のようなモノです。

そのコトバが、八千代や八雲、八十、八百万、八重垣などの言葉を生んでいくのです。八であることがめでたい。多くのものが発生し、さて、次の段階に進むぞ、めでたい。ということではないかと感じます。

広島県宮島の厳島神社の回廊は、柱と柱の間に八枚の床板が敷き詰められています。これは「八」という数字が縁起が良いからとされています。また、「伊勢は八回、出雲は四回」という言葉があります。拍手の数です。出雲は四回といいますが、出雲大社のホームページを見ると「年に一度の最も大きな大祭には八回の拍手を打つ」とあります。

八には、「たくさんの」という意味があり、カミに対する限りない拍手をもって讃えることから、大祭には八回の拍手を打つのだと書かれています。カミに対しての無限の拍手は、発生を促すヒビキを起こし、陰に存在するチカラを引っ張り出すことにつながるのでしょう。

この引（抽）き出すという行為は、天岩戸に隠れた天照を引っ張り出すことにも相似です。よく見ると漢数字の八は末広がりの八と言われますが、カタカムナの「ハ」の声音符ともよく似ています。カタカムナの声音符の「ハ」は、正反のバランスが取れて場ができていることを示している記号です。また、数字の8を見ても横に倒すと無限大のマークとなり、発生し続ける循環を感じずにはいられません。

こうして見てくると、カタカムナのハジマリはヤタであるということがだんだんとわかってきます。カは、カがミとなり、そのような仕組み、それがすべての規範であることにつながっていきます。

つまり一方的に出てくるのではなく、「ヤタ」する場ができたら発生する。そして、発生したものは必ず「ヤ」という行き着く場所まで進むチカラを携えている。これが、現象物のマノスベといえます。

現象物となったモノは、カムナの部分でカミ、「カ」が「ミ」になるわけです。ですから、そこにはカカミという仕組みが立ち上がっています。この部分で、現象へと反転しますから、現象界に現れたものにはすべて、カムナが映し出したものが投影されているということになります。

後に、カカミが鏡になったのは、「今、現れているモノの背景には、今、自分を発生させているモノの存在がある。それを外側からきちんと見なさい。」という示しだとも受け取れます。

神社の御神体の一つに「鏡」が存在するのもうなづけます。神社とは「カミ」の「ヤシロ」ですから、カからミへという反転現象は、神働きにつながり、神社という場所自体が、カをミにしている場であるということの表れです。

鏡の意味を辞書で見てみると、抽象する、映し出す、鏡形にする、鑑みる、規範にする、お手本にする、などがありました。カカミがヒヒキをつくります。写したものが、映し出され、映し出されたものが、また鏡に写り込み、共振という現象が起きてきます。

日本各地にはカカミ・カガミとつく地名が多いです。岐阜県には各務原《かがみはら》という場所があり、そこの土地は、古代から「鏡作部・かがみつくりべ」という鏡作りを担当した人々が住んでいた場所だと言われています。青銅に錫《すず》を混ぜるとそんなに高い温度でなくとも溶けると聞いています。また、場のあり様、つまり、場のもつチカラよっては、そんなに高い温度でなくとも、強くて薄い鏡も造れたのではないかと思います。つまり、その発振状態が活性している場所においては、そうでない場所で鏡を造るより強くて繊細な鏡ができたのではないかということです。ここには、「場の理論」が存在します。

場によって、鏡のカタチ、つまり、現象の持続性が違うことを知っていた古代人たちが、あえてここを選んで鏡を造ったとしたら、日本各地にある「カカミ」と名前のつく場所は何かしら活性性が存在する土地であるといえるかもしれません。

鏡池・鏡石・鏡板・鏡岩・鏡川・鏡山、日本には本当にたくさん、鏡を冠にした場が存在します。また、お正月の「鏡餅」にも同じような思想が反映されていると考えられます。

鏡餅はお餅が鏡合わせのように上下に重ねられています。上の小さなお餅は現象界を示し、その現象を支える下の潜象界を示す大きなお餅。それが二つ重なり合うことで、餅は鏡餅に名前が変化します。潜象が発生させる現象の世界。上と下の結び目はどこを探しても見えず、二つのお餅を離してしまえば、結び目は消えてしまいます。また、結んでいる「チカラ」も消えてしまうのです。

これの結び目に当たる「ヤ」は、見えないということの示しでもあり、改めて、見えない部分ですべては作られていることの示しとなります。

ヤタノカ　カミ
カタカムナ　カミ

まずは場を作ること。反転していく場を作ること。それにはただ、飽和、飽きて和するまで、淡々とやり続けること以外にスベはないということであり、ただ、淡々とやり続けるだけで、すべては変遷していくというサトリでもあります。

また、カタカムナのカミは「上」でもあります。足跡には上流があるのです。彼らの足跡を上へ上へと辿って行けば、必ずカタカムナのカミに到達すると、このウタが伝えています。

潜象から生まれ、変遷させていくエネルギーのことを「ヤタノカ」、これを現代人でも捉えやすい言葉に変えると、生命力になります。生命力は見えない上流の世界から届いています。

そして、もう一つのカタカムナカミとは、現象のカミのことを示しているということになりますから、これも現代人に捉えやすい言葉にしてみると、肉体ということになります。

肉体の中に、潜象とつながる部分がある、その部分が神であり、上流につながる部分であるということです。ですから、ヤタノカカミという生命力は、カタカムナカミである肉体につながっています。と、とてもシンプルに説明してくれています。

中心に置かれている図象は、カタカムナ図象と呼ばれている図象です。これを細分化することで四十八音が生まれ、四十八音をすべて集めるとカタカムナ図象になる図象でした。

肉体と生命力を細分化すると、そこにはすべての音が生まれ、反対にすべての音がひとつになることで、肉体と生命力が一体化することを示しています。私たちの肉体と生命力は、日本語の四十八音すべてをもっていることになります。

発声しようと意識すれば、私たちはすべての音を発生させることができます。発生と発声は同じ音ですね。体と力が一致することで、すべての音が宇宙に響くことを教えてくれています。

フトタマ、重合

そして三つ目のウタヒの「フトタマ」というのは、この肉体と生命力の二つがタマになっていることをいっています。つまりカタカムナカミとヤタノカカミが、タマになっているのです。この二つが一体化することで、音の物理作用が生まれることを示しています。

第三首は、「フトタマノミ　ミコト　フトマニニ」という響きです。

八十のウタヒの中にはたくさんの「タマ」という言葉が出てきます。

ミスマルノタマ・フトタマ・マカタマ・ヒトタマ・ニナタマ・アキタマ・アマタマ・ワクタマ・クナキノタマ・オホタマ・タカタマ・アワタマ・ウツシタマ・オホワタマ・ハヒタマと、「タマ」を意識させられます。

カタカムナ人はこの世界にあるすべてのものを「タマ」として認識していたので、こんなにたくさんの種類のタマがウタヒの中に出てきます。

これだけたくさん出てくるタマの中で、いちばん最初に出てきたタマが、「フトタマ」です。それはどんな「タマ」で、どんなハタラキをしているのかを示すウタヒが、この三番目のウタヒになります。

このウタでは、フトタマとは、ヤタノカカミとカタカムナカミが、重なり合い「フトタマ」になっているのだといっています。重合というのは、ただ重なり合っていることを示しているだけではなく、重なり合う仕組みで、新しいエネルギーを発生していることも示しています。

ヤタノカカミ・カタカムナカミというフタツのカミが重合することで、新しいモノを発生しています。新しいものとは何か、それが「ミコト」の「ミ」です。

つまり「フトタマというフタツのカミが重合することで、新しい『ミ』を発生します」という内容になります。その発生が繰り返されることを「ミコト」と言っています。

よく見るとこの「ミコト」は、図象符になっています。第二首でもお話ししたように、図象符は、声音符を組み合わせてできるモノですが、ただ単に、そのやり方を述べているだけではなく、仕組みも見せています。

「ヤタノカ　カミ」の「カミ」は声音符で、「カタカムナ　カミ」の「カミ」が図象符で描かれているのは、「ヤタノカ　カミ」の「カ・エネルギー・チカラ」は、「ミ・実質」になっていく「カミ」ではあるけれど、まだ、「ミ」にはなっていないモノ。

けれど、「カタカムナ　カミ」には、すでにカタカムナというセットが組まれていて、すでに「カ」が「ミ」になっているもので、「ヤタノカカミ」より一段階先に現象したものということでした。

ヤタノカカミと、カタカムナカミによってできているフトタマには、その仕組みがすでになされています。ですから、「ヤタノカ」はこぞって現象側に引っ張り出され、どんどんカタカムナのカミと重合、そして「ミ」を発生する。それが続けば「ミコト」という生命のようなものが発生するのです。

「ミコト 」という図象符を見ると、「カミ 」という仕組みが「コ 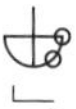」、循環していることに気づきます。尊、命という漢字はミコトと読みますが、カというエネルギーが、ミになることで、生命力が循環していることを表しています。

「ヤタノカカミ・カタカムナカミ」というものがフトタマになったら、「カミ」は「ミコト」というものに変遷することをいっています。

「コト」とは、「ヒフミヨイ　ムナヤコト」で、循環を生むことを伝えています。コトコトし続けることで永遠の循環を生んでいくのです。何を隠そう、その循環こそが、

「フトマ」という「マ」を回転させていることになります。
「フトマニニ」の「ニ」のコトバは、漢数字の「二」にもイコールです。が、「ニ」の小円の位置する場所は「ナ」と同位置であり、ポジション的には、七番目の位置になります。なのに、なぜ「ニ」なんだと思いますよね。

カタカムナ的数詞というのは、「フタツ」の「フ」が2ということであり、「二」は「2」ではありません。けれど、これが漢数字の「二」にイコールなのは、何度も、何度もヤタノカカミとカタカムナカミが重なり合うことで、このフタツのモノが重合すると新しいモノが生まれてくるからです。何度も、何度も、という周期性が生まれることで、七変化、変わっていくのです。

また、よく見ると「ニ」と「ミ」の小円は

、対向線上に位置しています。
これを結んでやると、上下の位置にポイントする小円は何度も、何度も循環回転することで「ナミ」となる。つまり「ニ」と「ミ」は、結ばれると波を発生するということにもなります。

上下に小円がポジションするモノは、背景に「波動性」という「縞模様」が存在すると考えていいと思います。

このことからフトとは、フタツのモノ、ヤタノカカミとカタカムナカミという、フタツが重合することでフトタマとなり、新しい「ミ」が発生し、その「ミ」が何度も循環することで、大きな波を生み出して、次の「フトマ」となっていくことをここでは示しています。

さて、「フトタマ」「フトマ」の両方に「フト」というコトバが存在しています。「フト」とはフタツが重合していることをいうのですが、誰もが日常的に使っている、「ふと、気がついた」や「ふと、閃いた」というのは、まさにこのカタカムナカミという肉体に、とヤタノカカミという、エネルギーが関わってきたことが表されています。

ヤタノカ　カミとカタカムナカミでできた、フトタマは、実態を作り上げるといっています。それが繰り返されていくと、フトマというマを作り出し、そのマに周期性が生まれると定着するのです。周期性、場に何度もヤタノカというチカラが関わることで、命が生まれる。周期性ができるまで、し続ける、続けるという行為が必要だと、さとしています。

もちろん、頑張らなくていい。けれど、今、頑張りたいと思えることって何だろうと考えます。

頑張ろうとしなくても、ただ、続けられること。また、頑張りたいと思えることで、続いていくことにも、大きなエネルギーが宿るように思うのです。

私には、それがカタカムナの図象でした。知りたい、わかりたい、感じたい。その一心で書き続け、そしてそのことで発生したさまざまな現象。これを神秘性と捉えるには、軽すぎるような気がするほど、葛藤的な日々でした。

何ごとにも冷め続けていた自分が、これほどとらわれていくものに初めて出会い、知りたいが、わかったに変遷するたびに、目が覚める思いでした。

この図象には、私を変遷させるチカラがあったのです。

けれど、それは人それぞれ手段は違うのかもしれません。私がそうだからといって、万人がそうだとは思えません。みんなそれぞれに、それぞれの場があり、やらねばならないではなく、やり続けていることが誰にもあるような気がします。

もし、まだ出会えていないなら、出会わないことをし続けていることになります。それでもいいのです。ヤタノカという生命力のような力強いエネルギーは、「続けている」という場さえあれば必ず降り注ぎ続けます。

この三つ目のウタヒの中心に置かれている図象は、フトマニ図象です。ヤタノカカミと、カタカムナカミが重なり合ったフトタマを表しています。四角で示された現象と、丸で示されている見えない現象が、フトタマという球になり、大円の外側の世界、つまりカムとつながり合っていることを伝えています。

これが、この世の仕組みです。中心にある、カタの世界には、見えない現象というアマの世界も、見えない潜象であるカムの世界も重なり合い、存在していることを示しています。私というカタの中に、私を作り上げている見えない現象と、そして、この世界をつなぎ合っているカムの世界が重なり合いながら、すべてを存在させている壮大な中心図象です。

ここまで三つのウタヒと、中心図象の関連性をお伝えしてきましたが、第一首は、ヒビキが作る現象の世界を伝え、共振現象、現象が潜象から新たな形を引き出してきていること、第二首は、生命力は肉体となり、肉体は生命力につながっている。これを重ね合わせ、重合と言っています。

そして第三首、生命力と肉体は一つの球となり、繰り返し重なり合いが起きてくると、フトマという大きな世界観を存在させていますよと響き続けます。

そして、フトマになって定着したモノは、次の歌「イハトハニ　カミナリテ」という電気現象の発生へとステージを変えていきます。

何度も言いますが、このように、ウタヒは関係性をもつて次のウタへと流れていくのです。そこにはただただ、美しさが存在する、一筋の流れとして見えない世界が存在していきます。

スズメのトジマリ

『すずめの戸締まり』は、新海監督の最新作であり、三部作の最後の作品ですが、ご覧になった方も多いのではないかと思います。三部作のハジマリは、『君の名は。』で、この作品の中では時空の重なりのことを表していました。主人公の「出会う前に会いに来るなよ」という言葉には、多重の意味が込められているような気がして、それがわかりたくて、何度も映画館に足を運びました。

第二作の『天気の子』では、アマの世界とカタの世界がどのようにつながり合い、水ですべてが関係していることを認識しました。主題歌の中に出てくる、「重力が眠りにつく一〇〇〇年に一度の今日、太陽の死角に立ち僕らこの星を出よう」という歌詞にも心動かされました。確かに、すべてのものは、重力によってこの地球に在る状態を作られています。

その重力が眠りにつくということが、カという世界につながることなのではないかと思いを巡らせたりしました。

そして、今回の『すずめの戸締まり』というこの作品には、扉というキーワードと、音の響きというキーワードが織り込まれていて、これまで以上に大きな世界観を見せていただいたような気がしています。

初夏の頃、東北へ行くことがありました。見るもの、出会うもの、手渡されるものが、すべてカタカムナにつながる流れの中にあり、大変驚きました。もしかしたら東北に、日本民族が残してくれた扉が存在するのではないかと思った時に、この映画のことを思い出しました。

九州に宗像《むなかた》大社というかなり古い神社があります。映画に出てくる宗像草太という人物は、この宗像大社をイメージさせますが、主人公は岩戸鈴芽、岩戸びらきのウズメをイメージさせます。彼らが東北へと扉を探しにいく物語です。

映画では、扉の向こうに広がる未来も過去も存在する場所へと入り、今が作り替わることを表現していました。同じように、私も東北にその扉があることを受け取った旅だったことに気づきました。

日本民族の復活とか、日本を目覚めさせるとか、そんなたいそうなことではなく、その扉の向こうには、今の日本人が忘れてしまった、けれども、奥深いところにはちゃんと存在させ続けてきた大切な響きが存在していました。

それは「潜象と現象はつながり合い関係性を保って存在している。いつもそこには見えない世界が存在しているよ」ということだったような気がします。

扉の向こうで未来を作り替えた彼らのように、その響きを取り入れることで、今の私たちには想像もつかないような拡大した意識で現象を作り出せるのです。そんなふうに生活されている方々や、それが残されたモノをたくさん東北で受け取りました。

ホツマツタエでは、東北に王朝があったとか。そのようなお話とも合わせて、東北では多くの戸締りの扉を見つけることができました。

戸締りとは、前述のマリです。トジマリ、ハジマリ、どちらもマリです。トジマリとは、トという重なり合ったマリのことですから、潜象と現象がつながり合っている扉を示しています。

先にもお話ししましたが、日本語にはマリという音がつく言葉がたくさん存在しています。真理とも同じ音になります。このマリとは、カタカムナでは潜象から現象に生まれてきた粒子のことをいっています。その粒子が実は向こう側と思っている見えない世界とつながり合っているのです。

すべてのものは、このマリが集合してできています。原子や分子、素粒子など、この世界を作り上げているすべてのものは、ミクロな世界に行ってもマリという粒子であり、マクロな世界へ行ってもマリというとても小さな粒子の集まりであるということになります。そして、それが真理なのです。

私たちも細胞というとても小さなマリをたくさんたくさんもっています。そこが戸締り・トジマリになっているわけですから、そのマリで、見えない世界とつながり合っています。細胞の数だけ向こう側とつながる部分を携えていることになるのです。その細胞が集まりになって、カタマリを作っています。カタのマリというこれも、マリです。

一つの周期性も、
ヒ　ハジマリ
フ　振動によるタカマリ
ミ　アツマリ
ヨ　マトマリ
イ　カタマリとなり
ム　ヒロマリという広がり
ナ　周期性の発生によりサダマリ
ヤ　最終段階でパラバラになりミクマリになっていきます。

マリとタマ

現象に出てきたものを「マリ」としていますから、日本語には「マリ」という言葉がたくさん存在しているのです。

では、「タマ」とは、カタカムナ的に何を示しているのでしょう。タマという言葉は、マリのように、同じ背景をもつ言葉が今の言葉にはあまりありません。アタマ・タマシイなどになります。

カタカムナでは、フトタマ、ヒトタマ、アキタマ、マカタマ、ワクタマ、アマタマなどの言葉で出てきます。

タマとは、見えないタマを表す言葉です。カタカムナのカムナの部分にあって、見えないタマであるとされています。それを「ミスマルノタマ」と表しています。実が透けて見えない球だよ。でも、それが本質であるという言葉です。

フトタマ・カタカムナカミとヤタノカカミが重合したタマ
ヒトタマ・元が重なり合ったタマ
アキタマ・現象を発生させるタマ
マカタマ・マというアマと、カというカムが重合したタマ
ワクタマ・たくさんのワ・丸い穴となり、見えない世界と見える世界を結ぶタマ
アマタマ・あらゆるものを発生させるアマ始元量という球

これらの球は、物事の中心、ミナカに存在し、見えない球として在るものです。魂

がそうです。
このタマが、次の現象を作る元であれば、タマシヒ
このタマが、今を発揮しているのであれば、タマシイ

どちらのタマも表からは見えず、内側に確かに保ち続けているものとなります。マリという物質性のものと、その中に存在してマリを保ち続け変遷させ続けているタマの存在。この世に溢れているものマリは、多様性をもっていろんな形で存在し、マリを生み出しているタマは、ヒトツという形で存在しています。

映画ではトジマリという、向こうとこちらを結んでいる位置で、ノリトという音を響かせ「お返しもうす」と、カムのエネルギーを返していました。人が人工的に作り上げ、放置した場所には、カムのエネルギーが大きく映し出され、その場を変遷の場所へと作り替えていきます。
それは、時に、地震のような形で現れ、この地球のバランスを取り続けていきます。元の自然界に返すのです。穢《けが》れという、エネルギーが枯れた、氣枯れた場が生まれる

ことで、バランスを戻そうとするのです。

そのチカラはカムのチカラですから、人間が太刀打ちできるチカラではありません。ですから結び目で、今しばらく、今ひとときだけでも永らえたい。お頼み申す。とお願いして、後ろ手に扉を閉めていました。

「後ろ手」は、イザナギがヨミの国から戻ってくるときにも、後ろ手にモモを投げ、ヨミの国の住人を蹴散らす行為として記されていました。

「後ろに手がある」これは、カタカムナ的に考えると、

ウ・現象と潜象の境目
シ・示し
ロ・つながり合い広がり
テ・結ばれている

つまり、見えないと、見えるの結び目は、示しになっているので見えないけれど、示しというすべてをつなぐモノとして全空間につながり合い存在している、という意味になります。

戸締りの扉は、この空間中にも、私たち人間の間の中にも、あらゆる場所に存在し、ひっそりと変わり続けています。

けれど、一度、バランスを崩すと、出てきます。それは、崩したバランスを元に戻そうとして出てくるのです。人を水害から守るために、護岸工事をし、ダムを作ることで、バランスを崩し始めた自然界が、バランスを戻すために水害が増えていきます。人を便利にするために地面を固めていることで、地が揺れる地震が増えていく。人を殺すために作った武器で、大事な人が殺されていく。

檜崎皐月氏が残した言葉があります。

「地球の環境を守るとしても、人間が為せることなどたかが知れている。もし、本気で地球が崩れたバランスを取り戻そうとしたなら、絶滅するのは人間だ」

後ろ手とは、ひっそりという意味にも取れます。トジマリというマリはひっそりと存在し、バランスを動的に保ち続けています。そして、その奥には、「タマ」というこの世を成り立たせている見えない存在があるのです。

それを、古代から人々は、影のチカラとして、畏怖し、なだめ、時にはお願いし、玉のような形を示し、祈る対象としてきました。

その結び目を映像化し、多くの方の心を響かせた映画。いよいよ、結び目をこの世界に登場させる時代が来たのだと、反転・変遷を感じます。タマが生み出すチカラは、私たちを取り巻く環境の中に現れ出ています。

次章では、そのことに触れてみたいと思います。

第8章

オホ、場のもつチカラ

まとめるチカラ、オホ

カタカムナウタヒを見ていると同じ用語の繰り返しが多いことに気が付きます。「カタカムナ」というコトバはもちろん、カタカムナよりも頻出するのが「カムナカラ」や「アマ」「ツチ」「タカ」などのコトバです。それらは何度も繰り返し、繰り返し出てきます。

その中から、ここで取り上げるコトバは「オホ」です。このコトバは八十のウタヒのうち、二十九のウタの中に出てくるコトバです。

オホトノチ　オホトノヘ・オホトコロ・オホカミ・オホヤヒコ・オホコトオシヲ・オホトヒワケ・オホワタツミ・オホヤマツミ・オホトマトヒコ　オホトマトヒメ・オホケツヒメ・オホチカム・オホトヤシマ・オホワクスムヒ・オホヤマト・オホタマルワケ・オホトチ・オホマヒコ・オホカムツミ・オホマカツヒ・オホカムナホヒ・オホナホヒメ・オホトタマ・オホワカエシ・オホカムカエシ・オホアマウツシ・オホカム

ナカラ・オホトケハシリ・オホナミヒメ・オホワタマリ　などなど、ざっとこんなにたくさんオホがつくコトバがカタカムナ文献の中には存在します。

この「オホ」とはなんのことを示しているのか。ずっと疑問でした。

相似象学会誌には、「六方環境から親和するもの」と説明されています。学び始めの頃は、何の疑問もなく、「六方環境から親和するもの」と丸覚えでしたが、あるとき、それっていったい何のことなのだろう、と考え始めましたが、どんどん意味がわからなくなってしまいました。

六方とは上下左右前後の「すべて」の方向性を示しています。すべての方向の奥から、親和するものがある。つまり、親しく和してくるものがあるということです。すべての方向から、私たちを包んでいるもの、それっていったい何？

あるとき、カタカムナよりも頻出するカムナカラというコトバのことを考えているときに、フト、閃いたのです。

カ・　ム・　ナ・　カ・　ラ・

言葉だけで考えてみると、「カが構造性を作り関わりながら」というコトバです。

このカムナガラの「ナガラ」だけを図象符にすると、アマ・アマナという図象符と同じになり、カムナガラとは、カムアマナと言っているのと同じだと気づきました。

カムとアマ、カムとアマが関わること、
カム・見えない潜象と、アマ・見えない現象です。

それが、六方環境から親和してくるということは、つまり、私を取り巻いている全体、つまり環境のことかと思い当たりました。そして、オホがつくコトバを、環境、つまり「場のもつチカラ」という捉え方にしてウタヒを見ていくと、納得することが多くなりました。

これは、環境が私たちにフトマニ、重なり合うことで、新たなものを発生させていることを示しているのだと。つまり、カタカムナとは、内なるチカラで自分が変遷し、生き続けているだけではなく、外なるチカラにも生かされていることも含まれているのです。

オホトコロとは

取り巻く環境が親和し重合することでトコロになる。

オホカミとは

取り巻く環境が親和することでカがミになる。

オホヤヒコ

取り巻く環境が親和することで「ヤ・」極みまで進み、「ヒ・」ハジマリとなって循環する。つまり、新陳代謝には環境が関わっている。

　これはどうも、環境が現象化に大きな作用を起こしていることを示しているのではないかと気づきました。いや、間違いなく、環境は私たちに作用しています。が、思っているより遥かにカタカムナ人はその影響力を大に見ていたようです。

　考えてみたら、楢崎皐月氏は、満州で工場の周囲の植生が勢いづいている場所では、とても丈夫な鉄ができたと書かれています。

　このことを、カムナガラといい、「カ」が関わり続けることで、カタカムナという現象・カタの中にあるカムナと、カムアマナ（カムナガラ）という、アマナとのつながりによってあらゆるモノの生存が保たれているのです。

　私たちは環境という見えない現象に生かされているのです。

発生し続けている「私」という現象物は、カタカムナとして、肉体と生命力が重なり合って存在しているわけですが、それだけではなく、空気や大気、海や大地など、あらゆる環境というものが、「私」を「ワタシ」たらしめているということになります。

三十四首の解説の中に、

【「オホ」とはカムが生み出した生命が現実の場で、どのように変遷し変化しようとも「ヤ」まで「オホコト」し通して、その生命体を養い、守り最後まで生かそうとしている】

とあります。これは、環境は私たちの生命体を養い、守り、最後まで生かそうとする、ということです。

さらに【そのオホの示す方向にスナホに乗って生きれば、アタリマエのこととして、健康な生命を全うして生きられる】と、続いています。

「オホ」を図象にすると、 このようになります。

図象の小円の位置をよく見てみると、ムの位置と、イハという位置で向き合っている様子がわかります。そのことから、奥で親和しているものは、向かいあう仕組

みを作っていることがわかります。潜象と現象が対称性をもって構造化していることを示しています。

「オホ」という環境はカムが生み出したカタ（カタカムナ）がどのように存在していたとしても、生命体を養い、守り、極みまで生かそうとするものであり、「オホ」という方向性に素直に生きていけば、健康な生命を全うできるというのが、三十四首のウタの示しです。ここには、まるで環境は意思をもっているかのように謳われています。

「オホ」は、「オカシ」も同じ図象になります。「オカシ」とは、奥にカが示されているということを表します。カ・は見えないけれど、奥（先）に示されているので、それに従っていけば全うした生き方ができるとも言っているのです。

環境という私たちを取り巻く空間には、現象に現れる以前の潜象が目に見えないカタチとして存在しています。見える物体に、私たちはいつも目がいってしまいがちですが、カタカムナ人はこの、見えないモノの存在を洞察し、環境という現象の中に潜在するモノを捉え続けてきたのです。

環境とは、場のチカラです。場がもつチカラの存在が、どのように作用しているのかをウタヒの中では、冒頭に挙げたたくさんの言葉を使って表していることがわかります。

確かに上古代という時代に生きていた彼らにとって、生き抜くことは、今よりもずっと困難で、生命が環境により大きく左右されていたはずです。空間の中のアマナという大きなチカラにつながり続けていることで、生き抜いていたはずです。

動物たちは、未だ、この空間に存在しているカムナガラという「カムアマナ」を感じ続けています。彼らはこの「オホ」という大きく取り巻いている全体性の中にある「見えぬ存在」を確かに感じとっているのです。

台風の多い年には、蜂は飛ばされてしまうことのない場所に巣を作り、地震の前には町からネズミがいなくなり、犬は遠吠えを始める、個体の数が増えすぎると集団で自死する動物たちの行動や、春になったら、すべてのモノが春を迎えるように、つながり合いながら彼らは行動を起こします。

このチカラを感受しないと、種を遺し続けていけないのです。つまり、現象に出たものにとって、内側にあって自分にしているカタカムナと、外側にあってそうたらしめているカムナガラとの共生で生きていることをあたりまえのように知っているのです。

これらの現象を、現代人が不思議に思えるのは、「オホ」を捉えることができなくなった結果だといえるかと思います。

美《うまし》の流れをつくる

カタカムナ人という人々は、環境の親和により現象物は組み換えを起こし変遷していることを知っていました。そのチカラを察知し、素直に行動を起こすことで命は守られてきたのです。

彼らも、環境という自分たちを取り巻いている全体性の中に、現象背後に存在する潜象と現象を繋いでいるモノを感じていました。感じていたからこそ、生き抜くことができた。故に、「オホ」は最後まで生命を守り、生かそうとしてくれるのです。

いつしか、我々は文明の利器というものを使い、環境というものに対処するようになりました。そのため、外側にある場のチカラを感じ取り、認識することはかなり難しくなってしまいました

現代人にとっての環境は、一歩間違えれば生命が奪われかねないモノになっていま

す。ですから、それがまさか自分の生命を最後まで守り生かそうとする存在だとは、つゆとも思っていません。

けれども、九死に一生や、火事場のバカヂカラなど、現代人にも、極みに存在するとてつもない大きな影のチカラを感じたことがあるのではないでしょうか？

空間という環境を、見えるものによって捉えている私たち、モノとモノとの距離や、そのモノのみを物体として捉えている私たちと、その空間はマとして、そのもの自体に本質を見出しているカタカムナ人との歴然とした差が、ここには存在しています。

これに関わるとても大事な文章が相似象学会誌の六号に掲載されています。とても大切な部分なので、そのままここに掲げたいと思います。

四　現象の実相（物質現象・生命現象の吟味）

〈現象〉の定義とその実相

客観的に象〈カタチ〉を現はすことを「現象」と定義するならば、物事の現象は、必ずしも、物事の実相〈真実の相〉を現はしては居ない。

多くの場合「実相」は、現象の内外環境のうちに「潜在」して居るからである。

例へば、「地球が大空に存在する現象」は、全宇宙に於ける多くの関連の共役〈互ひに力を出しあふこと〉によって成り立てられて居る。

則ち、宇宙の極めて狭い範囲を考へても、太陽系に属する諸天体の、引力的「力」のバランスによって、地球の存在が保たれて居り、そしてその太陽系も亦、全宇宙に賦存する、天体間の「万有引力」に基いて恒存されて居る。

その上、地球存在に共役して居る関連は、単に万有引力だけではない。

根本的には、宇宙といふ「時・空の拡がり」が存在して居ること、その宇宙の拡がりを、全宇宙の「諸天体が共有」して居ること、或ひは又、全宇宙の天体を構成する物質に対し、これを「代謝的に生み出して居るモノ」があること、

又、相互融通的に変遷させて居るモノ、一般的に言へば、恒星空間物質の「過渡的存在物」など、その他、科学的には未知の関連が、客観背後にあるのである。

しかも、それらの地球存在の現象に、共役する諸関連は、これを、別々に切り離して考察することは出来ないし、正しい考へ方でも無い。

かなり難解な文章ですが、現象というものの実相は現象にあるのではなく、多くの場合、現象の内側、あるいは外側を取り巻いている環境の中に存在していることを述

べています。

地球が宇宙という大空に浮いているのは、宇宙にあるすべてが関わり合いながら地球を存在させていることで浮いているのだとしています。すべては動的な平衡、均衡状態の中で、その存在が保たれています。

太陽系というのもまた、全宇宙の中で働いているチカラの存在で保っています。そして、根本的には宇宙という時空の拡がりと縮みが、平衡的に存在していること。つまり「オホ」という全方向に拡がり続けているチカラと、縮み続けているチカラというものがあることで、同時にすべてはマトマリになり、カタマリになっているのです。

その中で、すべてのものが新陳代謝して生まれ続けているということ、地球がただあるということだけではなく、また宇宙がただ存在しているということだけではなく、それらを取り巻いている環境の中にこそ、この世の本質的なモノが存在しているのだと伝えています。

これは、私たちもまた環境に生かされているということになります。生きているのに何か不都合なことがあるのだとしたら、環境を変えてやることで不都合は都合がつく方向性へと向かうかもしれない、さらにもっと言えば、都合がつくような場のチカラを瞬時に感じ分ける能力を、上古代人はもっていたということにもつながります。

空間の中にそのモノの位置を強めたり、薄めたりするチカラが存在しているとしたら、あなたの見え方、価値観は変わりませんか？　強めるということが、縮むことであり、薄めるということが広がり潜象化するということです。

彼らはこの空間中のチカラを知っていたからこそ、何かを感じたらすぐに移動できるような家屋に住んでいたのではないでしょうか。古代には、あるとき、古代人が住居を捨てて忽然と姿を消してしまうようなことがよくありました。私たちの意識では理解不能なので、「忽然と姿を消す」という表現になってしまいます。

けれども、この「オホ」を感じ取れるチカラを、今の私たちももっていたら、「忽然と姿を消した」にはならないかもしれません。彼らは環境から何らかの影響を感じたことで「場の勢力を強めるために古代人たちは別の場所に移動したのです」と表現が変化するかもしれません。

あるいは、「ここは発生のチカラが弱まってきたから、ここの、この集落の人々を支えることがそのうちできなくなるかもしれない。今のうちに発生力の高い場所に移動しよう」ということなのかもしれません。

このように彼らが、考えられないほどの長い時間を生き抜き、種族を繋いできた大きな要因は、場のチカラを感じることだったのではないでしょうか。

空間、環境に本質的なチカラが存在することを私たち人間が真に気づいたとき、古代に住んでいた人々がもっていた知恵に対する私たちの捉え方も、大きく変わるような気がします。

この世界のすべては内側でつながり続け、そして、空間がもっている「見えぬ存在」が、さらにすべてをつなぎ合わせているのです。この二つの方向からのチカラにより、私たちは発生し、生き続けているということになります。

これこそ、日本の言葉の中に存在する「おかげさま」のチカラです。これは、すべてのものが影響の中で存在し、その影の響きによって生かされているということにもなります。

カタカムナは、この場のチカラを知り、知恵とし、神としていた人々が残したサトリです。この場のチカラに祈り、この場のチカラを歌い、この場のチカラを崇めていた人々のサトリなのです。

日本という土地は、世界的に見ても、驚異的なチカラを宿した土地であると考えられます。美しさの極みが、この土地に存在していました。

「オホ」を考えていたトキ、耳に入ってきた歌の歌詞にハッとさせられたことがあります。木村弓さんの歌、「いつも何度でも」です。

呼んでいる　胸のどこか奥で　いつも心踊る　夢を見たい

私たちを取り巻く環境、その奥に存在する「オホ」は、いつも胸の奥から呼んでいるのを感じる。心踊る夢を見たいと思うことが、私たちの「生きる」を発生させてくれる。「心踊る夢を見たい」と、自然に思えてくる場所が、この日本には数多くあるのです。

感じる、感受するのは、この肉体の中だけではなく、空間の中にも、そうさせているモノが存在しています。

場のチカラが高まれば、いつも心躍る夢を見たいと思い、場のチカラが弱まれば、そんなことを感じる隙間もなくなってしまうのだと、この歌の響きが教えてくれました。

今が未来をつくる

「場のもつチカラ」これは、古くて新しい考え方なのではないかと思います。

また、「見えない世界」と「見える世界」は同時に発生している。見えない世界が見える世界を作り上げているわけではなく、どちらかが決まったとき、もう一方はそうではないものになる。

この「正反性」というのも、古くて新しい考え方ではないかと思います。

カタカムナを学んでいて本当に良かったと思えた極め付けだったのが、次の宇野多美恵さんの美しい言葉でした。

「これからの時代、新しい生き方を身につけるには、正にも、反にも、どちらにも辻褄が合う生き方を探しなさい」

辻褄が合う生き方をしなさいということではなく、辻褄が合う生き方を「探しなさい」です。探し続けていると、どちらか一方ではなく、どちらにも展《ひら》かれた生き方ができるようになります。

誰かの受け売りで生きていると、どんどん偏っていきます。成功法則の「答え」だけを伝えられても、そこにはプロセスが存在しないからです。

偏りが悪いのではなく、バランスが悪いことで、ますます自分にとって都合のいい答えだけを求め続けていくことになります。正にも反にも辻褄が合う生き方とは、答えを求め、意味づけるのではなく、そのどちらにも当てはまる中庸なポイントを見つけようとしなさい、ということだと思います。

そのポイントとは、見えない世界と見える世界を結ぶ、あらゆるモノが発生するポイントのことです。そのポイントに位置することで、「ただ、発生する」のが、「自分」というポイントになるのです。発生＝自分　になれば、生きることに答えなどいらなくなります。どうしたらいいか、ではなく、必要なことは必ず発生する、というプロセスが誕生します。

「美し国、日本・ウマシクニ　ニホン」とは、発生するものは、正反という二本である、というようにも考えられます。美しいという言葉を、「ウマシ」と読ませているのは、美しいと感じることが、発生なのだというあらわれです。

人はただ、美しさを感じるだけで、発生のポイントにあることを示しています。そうなれば、周りのオホという大きな環境にもエネルギーを与え、自分のうちなるカミにも大きな影響を与えていくことになります。

また、カタカムナ的に言えば、美しさを感じられないのは、自分だけに問題があるからではなく、もしかしたら、その場に発生の流れがないからかもしれません。

つまり、そのときには、ただ、場を変えてやればいいのです。自分が移動することができなければ、その場を変える。模様替え、位置替え、断捨離や、すべて違う何かをその中に加えてやることで、必ず場のチカラは変遷していきます。

また位置を変えてすぐは発生の原理は働きますが、そのうちにそれに慣れてしまったら、美しさを感じられなくなります。そうしたらまた、模様替え、位置替え、断捨離などをして場を育てることをしてやればいいのです。

この世の中に、変わり続けていないものなど、何一つとして存在しない。変わらないと思えるような、モノでさえ、常に、変わり続けていくのです。

それは「ハジマリのイマ」が絶えず存在し、未来を作り続けているのです。ですから、今を変えてやることで、必ず、未来は変遷していきます。

今の自分を育て、今の場を育て、何も決めず、答えを求めず、目の前のことを淡々とやり続けていくことは、もしかしたら、現代人には難しいことなのかもしれません。手っ取り早く合理的に、答えだけを求め続けてきた結果です。ゴールの見えないことに苛立ち、不安、葛藤を感じ、そこから何とか脱しようとしてしまいます。

けれど、私は、カタカムナウタヒを知り、カタカムナヒビキを感じ、マノスベシを続けることで、これまでずっともっていた視点がどんどん増え続けていきました。ゴールの見えない不安が、今はゴールが見えない安心に変遷しています。

何か答えを探すのではなく、この空間からの作用で、変遷していく自分を楽しめるようになりました。この空間からの作用で、次、どんな自分が発生するのか、楽しみになっています。自分探しをしなくても、場があれば、勝手に自分が生まれ続けていくのです。

過去と未来は、「今」という発生で存在しています。私たちに与えられた時間という空間の中から飛び出してみるといいのです。そこには、ただヒビキがあるだけで、決まったモノなど何も存在しないことに気づきます。

オワリニ

「感受」というコトバがあります。宇野多美恵さんが、何度も繰り返しこのことについて述べられています。

感受性という言葉は私たちには一般的ですが、感受性とは感受する性能のことをいっているわけで、感受とは性能を作っているその手前のものです。瞬間瞬間というこの今、直接私たちが感じとっているモノのことをいっています。

ものごとを受けたままに感じること。そこには今までの記憶や、自分の観念の入り込む隙間がなく、「そのまま」「あるがまま」のスガタを受け取るという行為です。それは、宇宙という生命体に連動しているという考え方が存在します。宇宙という生命体である「オホ」環境で全体と結ばれていることを示しています。

例えばイマジネーションは、このすべての連動、関係性の中にあるということになります。

脳がもつ記憶力はデータであり、このデータはヒビキを起こすために必要なものです。つまり、このデータの量によって宇宙生命と連動する幅は増えるのです。

データを増やせば増やすほど、私たちを取り巻く広大な宇宙というモノとの関係性が起き、その中で私たちは「生きる」ということを知っていくのだと思います。

ですから、知ること、聞くこと、見ること、認めること、知識というものを増やすことは、その分だけ意識を拡大し、広がり続けている宇宙と連動することを可能にします。

ただ、この知識が曲者なのです。磯の香りのしない海が、テレビの向こうに広がります。光害で見ることのできない天の川が、インターネットの向こう側で煌《きら》めいています。バーチャルな世界での経験も、私たちには知識として受け取ります。そして、体験のないモノで、自分の生き方を判断することが増えました。

すべての生物には感受したものを判断するチカラが備わっています。感受し、受け取ったモノとともに響き合い、心地がいいと感じるモノは取り込む、そうでないものは排除する、動物らしい素直な現象です。

けれど、心地がいいと感じるのか、それとも反発しているのか気づけないまま、誰かの答えに振り回されている方々も多いのではないでしょうか。

「あの人が言っているから」

「頭のいい人が使っているから間違いない」

私も昔はそうでした。

「宇野さんに直接学ばれた方だから、間違いない」

けれども、それはいつも入口でしかなく、一人一人が「感受する」ということへのハジマリに過ぎないのだと、今はわかります。

共振するものには無意識に引かれ親和します。快い、美しい、美味しいと明らかに体感しているとき、イノチの発生が起きます。

逆から言えば、不快な苦しさや厳しさの中に「美しさ」を感じないときには、発生はありません。ですからそこからはそっと離れたほうがいい。発生がないのに頑張り続けることは逆に執着を生み、宇宙と私たちはお互いを活かす方向に進みません。

ただ、気を付けておかなければならないのは、苦しさや厳しさの中に共振や発生がないということではありません。生まれてくるときの苦しさの中にはれっきとした美しさが存在します。

厳しい冬の雪の下からのぞく強い新芽にも命の美しさが存在しています。苦しさ、厳しさの中に、「在る」ことの美しさを感じるときには、必ずその中に自分を活かす何かが存在しています。

環境という全体性はいつも私たちを「ヤ」まで活かす方向性をもたらしてくれています。ですから、心地悪いから離れる、辞める、遠のくではなく、それでも辞められない、遠ざかれない、離れられないということの背景には、きっと美しさが存在するということになります。

つまりすべて、バランスの中に存在しています。「オホ」という全体性にはいつもバランスという構造が存在しています。私たちは常にその中に生きています。何かしようとしなくても、必要であればきっと必ずそれはなされていきます。

そう思えばそうなるのではなく、そう思うことの背景には言葉にならない、見えない「何か」が存在しているのです。実はその後ろこそ、大きなモノの存在です。

「カゲ」は「欠ける」にも転換できます。長野県の井戸尻《いどじり》考古館で、学芸員さんに聞かせていただいたお話が浮かんできます。

「縄文時代の日本に住んでいた人々が信仰していたのは太陽ではなく月だったようです。太陽はカタチが変わりませんが、月は日々カタチを変えていきます。

古代人は、絶えずカタチを変え、そのうち見えなくなった月が、再び少しずつ表れてくる月を信仰していたのではないかと思います。それは土器の紋様を見ているとよくわかります」

長野という場所は特異な場所で、知る人ぞ知る、「縄文銀座」と呼ばれるほど縄文時代には人口が集中していた場所です。長野井戸尻考古館に行くと、素晴らしい縄文の遺物を一挙に見ることができます。

その中に「太陰文有孔鍔付《ゆうこうつばつき》土器」という、新しい月に抱かれた古い月を表した土器があります。シンプルですが、古代の人のオモイの重なりが残された遺物です。カタチが変わるものに美しさを感じていた縄文人の向こう側にカタカムナ人が見えるような気がします。

それは、変化ではなく変遷、リセットではなく今、という元が組み替わり、そしてまた、同じような「今」がマワリテメグルことに尊さや畏れを感じ、祈り続けていたのです。

また、単にそれだけではなく、太陽の光が月に当たって反射した月光が生物に大きな影響を与えることを、彼らは感受していたと私は思います。

月の満ち欠けと潮汐、月に暈《かさ》があれば雨が降る、月は水と関係しています。月の作用で海の水を満たしたり干上がらせたりする現象を見たら、月というものが水を操作していることを感じていました。

そこには、変遷させるもの、変遷するもの、というカタカムナの仕組み（コトワリ）が存在します。影のチカラと現象、直感と判断力。人の場合、大脳がその担い手です。大脳の判断力の背景で働いているもの。つまり、潜象過程にある潜在意識というモノの存在が、影のチカラということになります。

「本能で生きる」とは、この大脳のデータバンクにどれだけ「生」の経験を詰め込んでいるかによるのです。この量により、直感したとしても、データに結びつかず、私たちの感覚に上がってくる前に消えてしまうかもしれず、あるいは、人から植え付けられたデータにより、自分の本質とは違う方向に現象が起きる場合もあります。そして大量のデータの中から、今に必要なものが響いてくる、など差が生まれます。

この背景で動いているものを宇野多美恵さんは「ミ」というコトバで表現されています。日本語の中に「ミをもって」、「ミにつまる」、「ミのほど」、「ミのしろ」など、「感受」が元になっている言葉が存在します。

日本人は「ミ」を感受するチカラを忘れてしまっただけで、根底にはそのチカラの存在はあると書かれています。

まさに「身をもって」私たちも日々瞬々、たくさんの感受を自分の内なる宇宙やオホという外的環境から受け取り続けています。それらとの共振によって生きているのです。何かをするでもなく、何をするときも、常に私たちは私たちを活かしているモノとのヒビキ合いの中で、生命を発生させ続けているのです。

カタカムナ　と　カムナガラ

カタカムナ　カミ　と　ヤタノカ　カミ

カタカムナ　と　ヒヒキ

つまり、ワタシと、ワタシにしているモノ、という二つが組子になって生まれる美しさで、この世界を保ち続けています。

この仕組み（コトワリ）を知っていることは、この世界を見る視点を増やすことです。

カタカムナはカタの中にあるカムナを見つめるということを説いています。カムの方向を向いて生きるというのは、影のチカラを感受し、そしてまた、自分が影のチカラであることを感じ続けていくということになります。

最後まで読んでいただいてありがとうございます。

カタ　現象
カムナ　潜象

これは、宇宙を語るうえでなくてはならない仕組みです。
宇宙の法則を端的にコトバにしたのが、この「カタカムナ」というコトバなのです。

川ヰ亜哉子　かわい あやこ

カタカムナ相似象研究家。neverLand 主宰。

大阪市生まれ。「カタカムナ文献」を解読し世界観をまとめた物理学者、楢崎皐月氏、並びに氏の後継者である宇野多美恵氏が引き継がれた「相似学」を学び、「カタカムナ相似象」として、独自にカタカムナウタヒの研究を続けてきた。『カタカナは日本語の起源？』を遺した故フルヤマアキヒロ氏を師事し、カタカムナ相似象がもつ根源的な素晴らしさを、わかりやすく誠実に伝えていくことを決意。2019年には愛知県一宮にて、2020年には京都にて、「一人ひとりがカタカムナのヒビキになるために」という内容の「相似象教育」を始める。また同年、東京で「相似象セミナー」も開催。相似象学を学び、宇宙の摂理を日常に取り入れることで、自身の人生はもちろん、セミナー受講生からも人生が好転していくと大きな反響を呼んでいる。2021年からは全国都道府県で「ハジマリのカタカムナ」セミナーを展開するとともに、地方都市でのカタカムナセミナーも開催中。

http://www.neverland2001.com

生命発生の物理
ハジマリのカタカムナ

第一刷 2023年10月31日

著者 川ヰ亜哉子

発行人 石井健資
発行所 株式会社ヒカルランド
〒162-0821 東京都新宿区津久戸町3-11 TH1ビル6F
電話 03-6265-0852 ファックス 03-6265-0853
http://www.hikaruland.co.jp info@hikaruland.co.jp
振替 00180-8-496587

本文・カバー・製本 中央精版印刷株式会社
DTP 株式会社キャップス
編集担当 川窪彩乃

ISBN978-4-86742-308-0

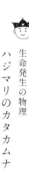

本といっしょに楽しむ イッテル♥ Goods&Life ヒカルランド

CMCのテロメア活性化とラジウムのホルミシス効果で 細胞を活性化！ 冷え対策にバッチリ‼

CMC&Hi-Ringo スーパーストール

販売価格：33,000円（税込）
●カラー：ネオパープル　●サイズ：幅約86㎝×長さ約139㎝　●素材：ナイロン80%、ポリウレタン20%
※模様になっているプリント面を、なるべく広い範囲で体に当てるようにご使用ください。

ゼロ磁場を発生させ、奇跡の新素材と言われるCMC（カーボンマイクロコイル）と、ラジウムのもつ体細胞を活性化させるというホルミシス効果を併せたちょっと欲張りなストール。

冷えたな、と感じたら、大きめのストールでしっかりと体を包み込めます。大判なので、ひざ掛けにしても布がたっぷり余ります。ティッシュボックスより小さく折り畳めるので、持ち運びにも大変便利。どこへでも携帯可能です。

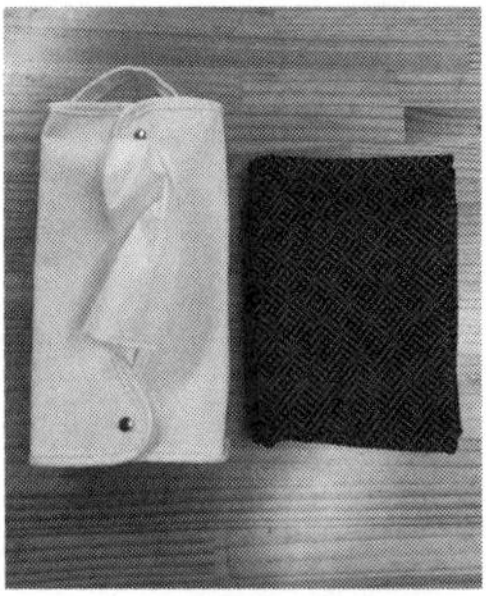

【お問い合わせ先】ヒカルランドパーク

ヒカルランド　好評既刊!

地上の星☆ヒカルランド　銀河より届く愛と叡智の宅配便

天文学で読み解く
22を超えたαケンタウリとカタカムナの謎
著者：五島秀一
四六ソフト　本体 2,000円+税

ヒカルランド　好評既刊!

地上の星☆ヒカルランド　銀河より届く愛と叡智の宅配便

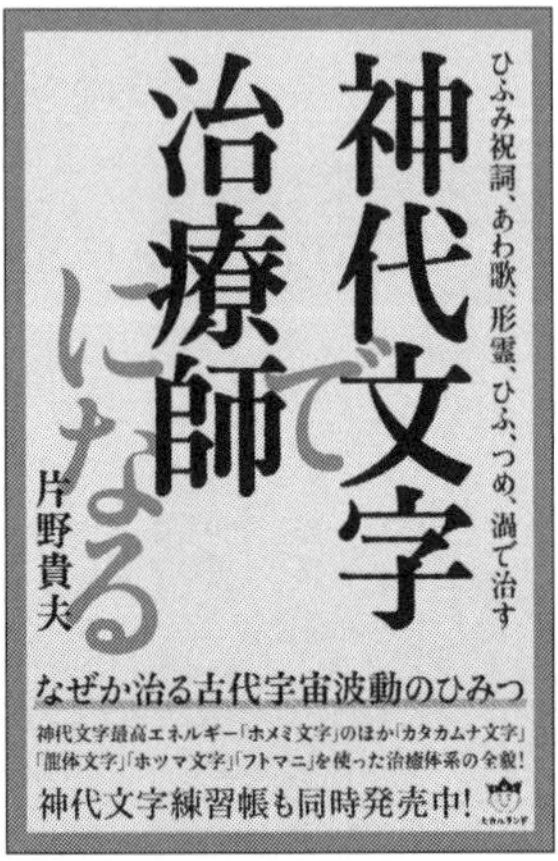

神代文字で治療師になる
著者：片野貴夫
四六ハード　本体 1,620円+税

「縄文神代文字」超波動治療メソッド
著者：片野貴夫
四六ハード　本体 2,000円+税

神代文字の宇宙波動で治療する
著者：片野貴夫
四六ハード　本体 2,000円+税

神代文字はこうして余剰次元をひらく
著者：丸山修寛／片野貴夫
四六ハード　本体 1,815円+税